Jens Thomas
ZUHÖREN!

Jens Thomas

ZUHÖREN!

Geschichten und Gedanken eines Musikers
über das Hören

ATHENA-Verlag

Bibliografische Information der Deutschen Nationalbibliothek

Die Deutsche Nationalbibliothek verzeichnet diese Publikation in der Deutschen Nationalbibliografie; detaillierte bibliografische Daten sind im Internet über <http://dnb.d-nb.de> abrufbar.

1. Auflage 2023
Copyright © 2023 Jens Thomas und ATHENA-Verlag,
Mellinghofer Straße 126, 46047 Oberhausen
www.athena-verlag.de
Alle Rechte vorbehalten
Autorenfoto letzte Umschlagseite: © Steven Haberland
Druck und Bindung: Majuskel Medienproduktion GmbH, Wetzlar
Gedruckt auf alterungsbeständigem Papier
Printed in Germany
ISBN 978-3-7455-1149-9

Für Charlotte Drews-Bernstein und Anton Mio

VORWORT

Ich bin Musiker. Zuhören ist mein Beruf.

Wie wichtig die Fähigkeit zum Zuhören nicht nur für Berufsmusiker ist, wurde mir bewusst, als ich neben meiner Konzerttätigkeit begann, mit Menschen zu arbeiten, die ihre eigene Stimme näher kennenlernen wollten. Denn ein offenes Ohr ist *der* Türöffner für eine gelungene Kommunikation. Mir wurde klar, dass mich nicht nur Musik, Theater und Kunst immer dann interessieren, wenn die Beteiligten einander – und sich selbst – *erwartungsfrei* zuhören. Auch Denken und Fühlen, Spiritualität, gesellschaftliches Zusammenleben und der Umgang mit unserem Planeten sind für mich Ausdruck dessen, wie und auf was wir hören.

In diesem Buch versammle ich Geschichten, Berichte und Reflexionen über meine persönlichen und subjektiven Erfahrungen mit dem Hören. Die Hörübungen am Schluss des Buches sind ein Angebot, eigene Erfahrungen mit einem bewussteren Hören zu machen.

INHALT

Klang 11
Üben 13
Hören 16
Atem 17
Bewertung 19
Chaos 23
Denken 27
Freiheit 30
Erinnern 35
Medium 41
Gesundheit 47
Improvisation 52
Orte 58
Jazz 65
Noten 67
Nichts 69
Resonanz 72
Qigong 77
Stimme 79
Politik 86
Xenophilie 89
Neil Young 96
Wege 99
Ziel 107
Vertrauen 112

Hörübungen 115

KLANG

Als ich als Musikstudent das erste Mal während eines Workshops den Pianisten Conrad Hansen spielen hörte, ist etwas Seltsames in mir vorgegangen. Ich erinnere mich an den Augenblick, in dem er einen einzigen Ton mit der rechten Hand auf dem Klavier anschlug. Es war nicht so, dass ich vorher geschlafen hätte. Aber in dem Augenblick, da dieser Ton erklang, war mir, als würde ich erwachen, schlagartig und sanft zugleich. Ich erwachte ins Hören. Nie wieder habe ich solch einen tiefen, vielfarbig glänzenden, obertonreichen, unglaublich schönen Klang gehört wie diesen Klavierton. In ihm war in meinen Ohren alles an überhaupt möglicher menschlicher Ausdruckskraft enthalten, alles an Meisterschaft, Klugheit, Trauer und Jubel, Güte und Liebe, derer ein Mensch fähig ist. Und das für mich Unfassbare: Dieser Ton war nicht geübt, er wurde gespielt.

Er war kein Ergebnis von etwas, er war einfach da. Kein Wille war in diesem Ton, kein Streben, keine Persönlichkeit. Dieser Ton sagte nicht: »Ich bin Conrad Hansen«, dieser Ton sprach: »Ich bin der Klang.«

Zugleich war mir, als hörte ich die Leere des Universums. Die absolute Stille. Eine Stille, die nicht die Abwesenheit von etwas war, sondern die Stille an sich, eine erfüllte, tiefe Stille.

Nachdem der Ton verklungen war, wusste ich, dass ich von nun an immer auf der Suche nach diesem einzigartigen Klang sein würde. Zugleich wurde mir klar, dass ich diesen Ton nur würde wiederfinden können, wenn ich mich ganz dem Hören hingäbe und ins Nichts lauschte. Ohne etwas zu tun. Ohne etwas zu erwarten. Nichts tun – nur hören.

Mit geschlossenen Augen.
Hören, was ist.
Etwas schwingt und dringt an mein Ohr.

Eine Schallwelle trifft mich.
Ich höre hin.
Der Schall löst etwas in mir aus, sobald er auf meinen Körper trifft.
Ich schwinge mit. Ich kann nicht anders.
Meine Ohren sind immer geöffnet.

Nur – wie sollte das denn bitte gehen mit dem Hören? Ich musste doch üben!

ÜBEN

Im Alter von vier Jahren erhielt ich »Musikalische Früherziehung«. Mit sechs bekam ich den ersten Klavierunterricht. Mit sieben ein Klavier. Mit neun Jahren begann ich an diesem Klavier zu improvisieren, anstatt klassische Stücke zu üben. Im gleichen Alter bekam ich deshalb Ärger mit meinem Klavierlehrer. Mit elf Jahren spielte ich als Gewinner einer Zeitungsaktion bei Richard Clayderman im Kuppelsaal Hannover »Für Elise«. Trotz endlosen Übens gelang mir das nicht fehlerfrei. Mit spätestens vierzehn Jahren wollte ich alles, nur kein Klavier mehr üben. Mit fünfzehn hatte ich meine erste Band, meinen ersten Liebeskummer und keinen Klavierunterricht mehr. Mit sechzehn folgte der zweite Liebeskummer und ich begann wieder Klavier zu üben. Ohne klassischen Unterricht. Ich begann das Improvisieren zu üben. Mit Jazzklavier-Unterricht.

Ich entschied mich für meinen Beruf. Ich übte vier Stunden, dann sechs Stunden, dann sieben Stunden am Tag. Mittlerweile war ich neunzehn. Nach dem Abitur übte ich acht Stunden. Mit einundzwanzig studierte ich an der Hamburger Musikhochschule Jazzklavier. Ich übte und übte und übte.

Mit dreiunddreißig entdeckte ich meine Stimme. Und ich hörte auf zu üben. Ich begann zu spielen, auszuprobieren und zu experimentieren. Mit mir, mit meiner Stimme, dem Klavier. Mit vielen anderen Künstlerinnen, die aus Genres kamen, in denen, weil sie bildende Künstler oder Schauspieler waren, nicht geübt, sondern gearbeitet wurde.

Mit einundvierzig begegnete ich dem Schauspieler Matthias Brandt. Und wir fanden gemeinsam eine Musik, die mit Worten spielt. Früher hieß diese Kunstform Melodram. Wir spielen und wissen: Es gibt keinen Fehler. Wir hören uns erwartungsfrei zu und sind damit frei. Frei für den Moment und für das, was er erzählen will.

Jetzt bin ich zweiundfünfzig und seit einigen Jahren habe ich mich wieder dem Üben zugewandt. Vielleicht zum ersten Mal dem Üben tatsächlich *zugewandt*. Ich übe wieder, doch im Grunde übe ich nicht mehr, ich spiele. Ich spiele mit allem herum, was mich interessiert. Und morgens übe ich den mir als Kind so verhassten Bach. Die von meinem damaligen Klavierlehrer vollgekritzelten Noten stehen vor mir.

»Zählen!« – »1, 2, 3, 4.« – »Fis!«

Das Heft mit den zweistimmigen Bach-Inventionen in einer polnischsprachigen Ausgabe fällt langsam auseinander. Und ich meditiere mit der Musik, spiele »falsch« und übe, mich ausschließlich auf die Schönheit zu konzentrieren und nicht auf die Fehler. Dieses Heft erinnert mich daran, woher ich komme. Mein Weg zur Musik – sein ungefährer Beginn – bleibt mir bewusst. Und manchmal tauche ich ein in die Musik an sich.

Und plötzlich *spiele* ich Bach. Kein Üben mehr, sondern Spiel. Bis zum nächsten Verspieler. Ich muss lachen. Niemand hat es gemerkt, keiner ruft: »Fis!« Ich spiele nur für mich. Das ist gut. Bis es für heute genug ist und ich mich demütig meiner eigenen Musik zuwende und die Freiheit genieße.

*

Auch Imitieren, also »Nachmachen«, ist Üben, und das Sehen kann dem Hören dabei helfen. Die Bewegung einer Musikerin kennenzulernen, heißt, auch etwas über den Klang zu begreifen. Bewegung ist sichtbarer Klang, der Klang führt die Bewegung, die Bewegung erzeugt den Klang. Wenn ich einem Sänger mit geschlossenen Augen zuhöre und ihn imitiere, verändert sich etwas in meinem Mund, in meinem Körper, und ich bewege intuitiv sowohl Körper als auch Mund im Sinne dieses Klanges. Ich tue etwas Ungewohntes und komme in Kontakt mit etwas Neuem. Möglicherweise verändere ich dabei eine Gewohnheit.

Auch das ist Üben: im Kontakt sein. Routinen durchbrechen.

Ich erinnere ein Jazzkonzert in der »Eierschale« im Berliner Treptower Park in den 90er-Jahren, nach dem ich noch in der Nacht zu Hause die Bewegungen des Pianisten, den ich gesehen hatte, imitierte. Plötzlich bekam ich eine Ahnung davon, was und wie er spielte. Irgendwann klang es bei mir dann so ähnlich, und ich fand auch die Art von Akkorden, die er verwendet hatte. Nicht über das analytische Hören, sondern über die Bewegung, die mir sowohl den Klang als auch die rhythmische Idee erschloss. In diesem Imitieren blieb ich frei, etwas zu finden, was mir entsprach, anders als wenn ich zu dem Musiker in den Klavierunterricht gegangen wäre. Dann hätte ich etwas *genau so* gemacht und vermutlich sehr viel üben müssen, um etwas zu erreichen, was jemand anderes für sich entdeckt hatte. Das *Ungefähre* hilft dem Üben. Es bleibt Raum für das *Eigentliche*.

HÖREN

Den *einen Ton,* den Conrad Hansen spielte, suche ich nicht mehr. Ich weiß, ich werde ihn nicht wiederfinden. Es war ein einmaliges Ereignis. Unwiederholbar. Und genau das macht die Schönheit eines Klangs aus: seine Unwiederbringlichkeit und Einmaligkeit.

Zugleich wird mir die Subjektivität solch einer klanglichen Offenbarung bewusst: Niemand sonst empfand damals so wie ich, als der Ton erklang. Für alle anderen war es nur die gewohnte pädagogische Demonstration eines Meisterpianisten in einem Workshop. Und wie oft habe ich selbst solchen Klangereignissen in Kursen oder Konzerten beigewohnt, ohne es zu bemerken, während für meine Sitznachbarinnen im selben Moment eine neue Welt geboren wurde?

Was tut das Publikum, um einen Klang wahr werden zu lassen?
 Vermutlich übt es ebenfalls, je öfter und aufgeschlossener es hört. Vielleicht wird Musik immer nur zu dem, was sie sein könnte, wenn es geübte Hörende gibt, die sie erst durch ihr Hören zu dem machen, was sie ist. »Werde der, der du bist«, übersetzte Nietzsche einen Satz des griechischen Dichters Pindar. Dies gilt wohl auch für den Klang. Insofern übe ich das Hören als ein Üben über den Tag hinaus, um leben und spielen zu können. Und um gut Abschied nehmen zu können, wenn es soweit ist.

Hören als Zuhause.
Hören, um atmen zu können.

ATEM

Auf der Bühne nimmt der Atem eine besondere Rolle ein. Versteckt er sich, bleibt mir beim Singen die Luft weg. Er zeigt mir dann an, dass *ich* mich verstecke. Manchmal passiert das beim Soundcheck vor einem Auftritt. Ein unbekannter Ort, eine neue Bühne oder ein schlecht gelaunter Tontechniker verscheuchen den Atem. Mein Atem ist schüchtern. Er leidet als Erster und zieht sich zurück, schnell beleidigt, manchmal gekränkt. Mir als Person bleibt die Ursache dafür zunächst verborgen. Alles geht zu schnell, zu viele unterschiedliche Informationen sind auf einmal zu verarbeiten. In der Routine der bekannten Abläufe ist der Atem ein zartes Pflänzchen und deshalb ein unbestechlicher Gradmesser meiner Gefühle.

Ich höre die Verwunderung und den Unmut meiner Stimme über die mangelhafte Sauerstoffversorgung. »Wie soll ich denn so bitte hier arbeiten können?«, entrüstet sie sich. Meine Stimme krächzt aus dem Bühnenmonitor. »Zu leise, der Monitor«, denke ich. Also: »Monitor lauter, bitte!« Jetzt sitzt mir meine Stimme gefühlt direkt auf dem Trommelfell. Es klingt schrecklich. Meine Stimme leidet, alles so eng hier. Ich bekomme kaum noch Luft. »Boah«, entfährt es mir. Und die Luft entweicht. Ich atme tief ein und höre mich sagen: »Mach mal bitte den gesamten Monitor leiser.« Ein Schluck Wasser. Seufzen. Nochmal singen.

Aufgrund des leiser eingepegelten Monitors auf der Bühne kann ich meine Stimme nun auch im Zuschauerraum hören. Ich atme unwillkürlich auf, denn der Saal resoniert, und ich kann mich mit ihm verbinden, gerade so als ob er meiner Stimme antwortet, weil auch ich ihm jetzt Respekt und Aufmerksamkeit zolle. Schon ist der Atem zurück, denn er hat Platz, weil mein Körper ihm Raum gibt.

Sobald ich an einem neuen Ort wirklich angekommen bin, fließt auch mein Atem. Über mein Zuhören findet er seinen Weg.

Ich habe das Gefühl, dass eine wechselseitige Abhängigkeit nicht nur zwischen Atem und Singen, sondern auch zwischen Raum und Stimme besteht. Resonanz entsteht durch Wechselwirkung. Raum und Stimme regen einander an, wenn ich zuhöre. Der gleiche Prozess vollzieht sich auch zwischen Stimme und Atem. Eine Stimme, die gehört wird, kann atmen. Vergleichbar mit einem inspirierenden Austausch zwischen zwei Gesprächspartnern: Hört jeder dem anderen zu, kommen einem die kreativsten Gedanken. Ein offenes Ohr öffnet den Menschen und seinen Geist. Entscheidend scheint dabei zu sein, dass ein Zuhörer vorhanden ist. Als würde nur durch Bewusstsein Resonanz ermöglicht.

Der vom Wind abgebrochene Ast fällt in den See. Das Wasser reagiert auf diesen Impuls mit sich ausbreitenden Wellen. Der See schwingt. Ob sich Bäume und Gewässer zuhören?

Höre ich meinem Atem zu, wird mir klar, was ich fühle. Dann spüre ich (wieder), wie es mir tatsächlich geht und was eigentlich los ist. Und das reicht meistens, um meinen Atem wieder fließen zu lassen. Auf mich selbst zu hören, heißt dann, mir Luft zu verschaffen, aufatmen zu können. Deshalb habe ich mich auch nie mit speziellen Atemtechniken beschäftigt, die den Atem vertiefen oder verbessern wollen, ohne den zugrunde liegenden emotionalen Ursachen einer »Atem-Not« auf die Spur zu kommen. Ein freier, unmanipulierter, also authentischer Atem geschieht einfach, er kann nicht ›gemacht‹ werden. Auch beim Singen. Und so entzieht er sich als Lebensspender jeglicher Bewertung.

BEWERTUNG

Bewertungen begleiten uns von unserer Geburt an. Wir werden gemessen und gewogen, Blutwerte und Sauerstoffversorgung werden überprüft. Dies alles dient unserer Gesundheit. Von Anbeginn unseres Lebens werden wir taxiert, unsere Daten mit dem Durchschnitt verglichen. Prognosen werden erstellt über unser körperliches Wachstum, und sobald wir etwas tun, was die Eltern erfreut, werden wir gelobt. Je älter wir werden, umso näher rückt das erste »Nein«, das uns ausbremst.

Die Stimme der Eltern klingt bei Zustimmung anders als bei Ablehnung. Wir speichern das ab und verbinden diese Klänge mit den durch sie in uns hervorgerufenen Emotionen. Je liebevoller und wertschätzender Eltern mit ihrem Baby umgehen können, desto sicherer und freier fühlt sich das Kind.

Mein Enkel Anton Mio hat das Glück, bei Eltern aufzuwachsen, die in der Lage sind, ihm sowohl Geborgenheit und Sicherheit zu geben als auch Freiheit und Eigenständigkeit zuzulassen. Infolgedessen wechseln sich bei dem fast Einjährigen sehr aktive Phasen mit Zeiten der Ruhe ab.

In den Ruhephasen kann Anton Mio ganz einfach da sein und die Welt um sich herum wahrnehmen. Er sieht sich die Schatten an, entdeckt seine eigenen Umrisse an der Wand und bewegt, ertastet und schmeckt jeden Gegenstand, der in seiner Reichweite liegt.

Doch sobald ein Geräusch ertönt, die Stimme der Mutter, das Lachen des Vaters, das vorbeifahrende Auto, der zwitschernde Vogel, der Wind, unterbricht er seine bisherige Beschäftigung und lauscht nur noch auf das soeben Gehörte. Als er ungefähr sieben Monate alt war, verbrachte ich mit ihm allein eine Stunde auf der Couch, und wir beide taten kaum etwas anderes, als zu sehen und zu hören. Anton Mio zeigte in die jeweilige Richtung eines Klangs oder einer Bewegung, doch für all die visuellen und akustischen

Ereignisse entwickelte er keinerlei Vorliebe. Nichts gefiel ihm besser als etwas anderes. Alles war gleichwertig oder vielmehr gleich gültig. Anton Mio war einfach da, neugierig und entspannt. In seiner ungeteilten Aufmerksamkeit für ein Geräusch war er als Mensch ganz präsent. Sein Da-Sein, Beobachten und Hören schienen mir ganz frei von Bewertung zu sein. Nichts störte und nichts bannte seine Aufmerksamkeit. Er war offen für die Welt und zugleich ganz bei sich.

Diese Haltung entspricht dem *erwartungsfreien Hören*, welches sich in meiner künstlerischen Arbeit einstellt, wenn ich ganz unabgelenkt bei der Sache bin. Ich nehme dann alles um mich herum wahr, habe dazu aber keinerlei Meinung. So zu hören, macht Körper und Geist durchlässig. Ein Klang wird gehört, empfunden und erzeugt eine Resonanz in mir. Diese Schwingung drückt sich wiederum in meinem Spiel und Gesang aus. Hören und Spielen sind nicht mehr zu trennen.
 Es entsteht tatsächlich eine Einheit von innen und außen. Gefärbt und bedingt durch die eigene Persönlichkeit, Erfahrungen und Fähigkeiten, entsteht die Musik im Augenblick in der Akustik des jeweiligen Ortes. Freiheit und Bedingtheit heben sich im Moment auf. Es ist, was ist, es muss nichts anderes sein.
 In meiner Seminararbeit (»Klangkunstdrama«, »Mit der eigenen Stimme«) bin ich immer wieder an die Grenze des bewertungsfreien Hörens gelangt. Wenn zehn Menschen in einem Raum mit geschlossenen Augen und der eigenen Stimme improvisieren, erfährt jede Person innere Widerstände gegenüber den zu hörenden Klängen. Der einen geht das »Gegacker« der Sängerin nebenan auf den Geist, die andere schämt sich fremd für das Stöhnen des Sitznachbarn. Mir als Seminarleiter wurde es in manchen Momenten angst und bange, weil ich mich fragte, ob nach dieser Improvisationssession nicht alle Teilnehmenden das Weite suchen würden. Interessanterweise hat sich durch das pure Aushalten dieser Momente für die meisten eine Wende hin zur wirklichen Annahme einer Situation vollzogen. Es ist wie ein Ankommen aller im Klang. Frei von

Bewertung wird nur, wer sich diesem Prozess hingibt und sich seinen eigenen Gefühlen stellt. Beim Hören auf ein durch einen als unangenehm empfundenen Klang ausgelöstes Gefühl kommen oft die erstaunlichsten Erinnerungen, vom Kleinkindalter bis zu ganz aktuellen Erlebnissen, zutage. Einmal gehört und gefühlt, können diese erinnerten Geschehnisse ihren Horror verlieren oder einen Heilungsprozess in Gang setzen.

Bewertet zu werden, empfinden die meisten Menschen als schmerzhaft, denn Bewertungen haben viele häufig auch als Demütigung (nicht nur im Kindesalter) erlebt. Die Erfahrung zu machen, in den Augen vermeintlicher oder wirklicher Autoritäten nicht gut genug zu sein, kann sich zu einem veritablen Trauma auswachsen. Gerade in künstlerischen Berufen und deren Ausbildungsgängen gehört Kritik zum täglich Brot, die häufig als unumgänglich aufgefasst wird. Gegessen wird eben immer noch, was auf den Tisch kommt. Kritik ist jedoch selten nahrhaft und meistens unverdaulich, sie kann sogar Allergien und Störungen auslösen, die bis zur Berufsunfähigkeit führen können. Befragt man Kolleginnen, ob sie jemals durch Kritik etwas gelernt hätten, trifft man meist auf zwei Abteilungen. Die einen sind der Auffassung, dass Kritik die sogenannte »Selbstwirksamkeit« erhöhe und Kunst wehtun müsse, um erfolgreich und aussagekräftig zu sein. Die anderen geben zu, dass sie Kritik fürchten und diese sie in ihrem Schaffen mitunter um Jahre zurückgeworfen habe.

Die zweite Abteilung ist ohnehin derart selbstkritisch und mit Zweifeln behaftet, dass Fortschritt nur durch Ermunterung geschieht. Wobei Ermunterung und Motivierung nicht mit Lob zu verwechseln sind.

Lob ist wie Kritik: ein Gift. Gelobt zu werden bedeutet, Gefahr zu laufen, gefallen zu wollen. Überhöhung der eigenen Arbeit und Person führen zu einer verzerrten Selbstwahrnehmung, die wiederum die Kunst belastet. Es ist nicht einfach, ohne Bewertung zu hören, aber es ist auch nicht wirklich schwer. Das, was da ist, erst einmal hinzunehmen, würdigt nicht nur den Moment, sondern auch die Menschen, mit denen man ihn teilt.

Sich von Hör-Erwartungen zu lösen, sich überraschen zu lassen und Hören als Abenteuer zu betrachten, hilft vor allem bei der Improvisation. In manchen Genres, in denen improvisiert wird und von Musikerinnen bestimmte Klänge erwartet werden, ist Improvisation eher eine Variation von gesichertem Material. Im Jazz kann man das häufig erleben. Die Hör-Gewohnheiten sind so verfestigt, dass ein Abweichen des Gespielten von diesen Erwartungen einfach als »falsch«, nicht aber als möglicherweise neu oder interessant empfunden wird. Grundsätzlich definieren sich gerade in der Musik viele Künstler über die Abgrenzung zu anderen Kollegen. *Wir spielen so. Und ganz bestimmt nicht so, wie die da.* So eine Musik hat natürlich Regeln, die einzuhalten hörend erwartet wird. Solche Regeln bewusst zu brechen, kann ein erster Schritt in die Freiheit von Bewertungen sein. Und dieser Schritt führt uns ins *Chaos*.

CHAOS

Free-Jazz-Session in Berlin, Mitte der 90er-Jahre. Es geht schwer zur Sache. Saxofon, Trompete, Bass, Schlagzeug und Klavier pfeffern sich die Töne um die Ohren. Ich sitze am Klavier und höre nichts. Mir scheint, dass alle wie die Wilden spielen, aber keiner dem anderen zuhört. Auch ich nicht. Mein körperliches Unwohlsein in dieser Situation macht mich schließlich darauf aufmerksam, dass die ganze Musik schrecklich klingt. Jedes Vorurteil über Free Jazz wird hier bestätigt. Eigentlich liebe ich diese Musik, sie entspricht meinem Wesen. Dachte ich jedenfalls als Mittezwanzigjähriger. Doch an diesem Abend erscheint es mir geradezu so, als ob auch niemand sich selbst zuhört. Die wilden instrumentalen Aktionen sind eher motorisch als klanglich motiviert. Ein wahrhaftiges Chaos, aber keines, das mich begeistert und befreit. Ich höre auf zu spielen und lausche meiner Sehnsucht nach Schönheit, nach Zusammenklang. Meine Finger folgen tastend der Tastatur und finden einen Akkord. Ein Durdreiklang erklingt. Etwas Schlimmeres hätte ich in diesem Kontext nicht tun können. Plötzlich hören alle hin. Wer wagt es, hier im Free Jazz mit Harmonien die Regeln zu verletzen? Hier werden gefälligst Cluster, Läufe und Geräusche gespielt. Anschließend heißt es: »Dur? Gehts denn noch, Alter?« Und: »Mann, Du mit Deinen Keith-Jarrett-Akkorden!«

Etymologisch kommt der Begriff *Chaos* aus dem Altgriechischen und bedeutet dort etwa »klaffender Raum« oder »gähnende Leere«. Wir verstehen Chaos meist als Gegensatz zur Ordnung. In Bezug auf das Hören ergäbe sich also die Möglichkeit, das Chaos als einen offenen Raum zu begreifen, in dem noch keine festen Gesetze gelten. Interessant ist, dass das Gähnen sowohl Ausdruck von Müdigkeit und Entspannung als auch ein Reflex bei ungenügender Sauerstoffzufuhr ist.

Wir werden somit im Chaos zum (Durch-)Atmen angeregt. Eine Pause bietet sich an. Ferner öffnet ein herzhaftes Gähnen mit einem knackenden Geräusch unsere Ohren bei Veränderung von Luftdruckverhältnissen. Und Schall ist Veränderung von Luftdruck. Wir stellen uns um. Das Hören wird neu ausgerichtet. Die »gähnende Leere« des Chaos kann also Auslöser dafür sein, sich mit für uns ungewohnten und herausfordernden Phänomenen (hier im ursprünglichen Sinne als Begriff für »Luftwahrnehmungen« verstanden) zu befassen. Klang ist eine Luftwahrnehmung. Wie flüchtig und unfassbar ist das Hören!

Ein vorbeifahrendes Auto bläst mir einen Song herüber, doch ich kann keinen Rhythmus und keine Melodie wahrnehmen. Harmonien verflüchtigen sich und ich stehe im Nebel. Eigentlich ist für mich jedes Lied ein Raum, den ich betreten kann. Ein Zimmer, das sich von anderen unterscheidet. In dem ich herumgehen kann, in das ich mich hineinsetzen möchte. Doch zu diesem Raum finde ich keinen Zutritt. Zu schnell vorbei und dann noch der Dopplereffekt (man denke an das »Tatütata«, das sich transponiert, sobald das Polizeiauto sich entfernt). Schon sind Auto und Song außer Hörweite. Da bemerke ich ein anderes Geräusch – und darin höre ich eine Harmonie. Was ist das?

Ein zehrendes Gefühl drängt an die Oberfläche, irgendetwas kommt mir bekannt vor, ich erinnere mich, nur an was? Da sehe ich den Rasenmähermann auf der Wiese gegenüber. Der Anblick zieht mich hinein in den Garten meiner Kindheit. Das Geräusch wird Musik, ich höre Obertöne über dem Grundrauschen des Motors. Aus dem Chaos des Lärms erwächst ein indischer Raga. Ich lasse mich in diesen Sound fallen und schwebe. Das Eintauchen in den Klang entführt mich aus dem Empfinden einer Störung in einen Augenblick der Transzendenz. Ich wollte noch telefonieren, fällt mir ein, und Ravi Shankar verwandelt sich zurück in den Rasenmähermann.

*

Der erste Tag eines fünftägigen Workshops in Südfrankreich. Man ist von weit hergekommen. Die Erwartungen, auch an mich als Seminarleiter, sind groß. Sich endlich einmal in ländlicher Ruhe und in der Wärme des Südens nur mit dem Hören und der eigenen Stimme beschäftigen. Doch was passiert?

Kaum starten wir mit einer ersten Improvisationssession, beginnt der Nachbar, ein Bildhauer, mit seiner Arbeit. Das war anders geplant, und nun zeigt sich Entsetzen auf den Gesichtern. Was für ein Lärm, was für ein Chaos! In meiner Not bitte ich die Teilnehmenden, sich in dieses Geräusch fallen zu lassen, es nicht nur anzunehmen, sondern es hörend zu erforschen und jeden Versuch des Ausweichens zu beenden, um den inneren Widerstand gegen die äußeren Umstände loszuwerden. Das dauert und ist sehr unangenehm. Die Stille hinter der großen Bildhauerflex zu hören, ist eine harte Nuss.

Es kreischt und fiept, es dröhnt und röhrt, als wäre der brutalste Zahnarzt des Universums gekommen, um einen meterhohen Backenzahn zu bearbeiten, und wir sitzen mittendrin im größten Mund der Welt. Alles vibriert und man kann förmlich die Nerven zucken sehen hinter den geschlossenen Augen der Teilnehmer. Abhauen funktioniert auch nicht, draußen ist der Lärm schließlich noch schlimmer.

Dann beginnt drinnen jemand, in das Klanginferno hinein einen Ton zu singen. Sehr leise.
Irgendwer hat es geschafft, aus der Frustration über die enttäuschte Erwartung in die Annahme zu gelangen, und dieser leise Ton ist Ausdruck seiner gewandelten Resonanz auf den Lärm. Nach und nach steigen andere darauf ein und aus dem Chaos erwächst eine fantastische Musik, eine improvisierte Symphonie für Bildhauer und gemischten Chor. Ich kann es kaum glauben. Die Session dauert vielleicht eine halbe Stunde und ich gehe vollkommen im Klang auf. Ich weiß nicht mehr, wer was singt oder tönt, die Grenzen zwischen meinem und dem Klang der anderen verschwimmen vollständig. Ohne das Chaos wären wir nicht, wo wir jetzt sind.

Irgendwann ist Schluss. Danach langes Schweigen. Der Lärm des Bildhauers ist unverändert zu hören, und doch hat sich etwas verändert. Der Seminarraum ist in einer eigenen, autonomen Akustik angekommen. Er liegt in wundervoller Stille. Ich höre diese Stille und plötzlich verstehe ich, was es heißt, die Stille hinter dem Lärm zu hören. Sie ist nämlich tatsächlich da, die Stille. Nicht nur als Metapher oder Idee. Hier bei uns in diesem Raum ist es jetzt wirklich still, egal wie sehr draußen der Lärm tobt.

Und so ist es immer. Egal welches Geräusch ich höre, es ist umgeben *von* sowie eingebettet und geborgen *in* Stille. Das Chaos hat einen Zustand tiefen inneren Friedens ermöglicht, so berichten es später alle Teilnehmerinnen. In dem Moment, in dem mir dieser glückliche Zustand ganz bewusst wird, legt der Zahnarzt draußen seinen Bohrhammer nieder. Ohrenbetäubende Stille schreit uns von dort entgegen.

DENKEN

Ich denke und höre meine Gedanken.
Kann ich überhaupt nur denken, indem ich meinen Gedanken zuhöre?
Was ist dann Denken? Worte oder Klang im Kopf?

Die Gedanken hören nicht auf. Sie gehören mir nicht und sie hören nicht auf mich. Ich bin abhängig von ihnen, doch sie nicht von mir. Sollte ein Gedanke nur existieren, weil ich ihn höre, würde er verschwinden, sobald mein inneres Hören endet. Wodurch höre ich mich im Inneren? Das Ohr brauche ich dafür nicht.

Beethoven hörte am Ende seines Lebens mit den Ohren kaum noch etwas, aber im Inneren ganze Symphonien. Er konnte sich selbst zuhören, ohne seine Ohren zu gebrauchen. Wirkliches Komponieren finde immer zuerst im Kopf statt, so der Komponist Moritz Eggert. Komponieren ohne das innere Hören sei kein Komponieren, sondern »Ausprobieren«. Wirkliche Komponisten hörten ein Musikstück im Kopf und versuchten dann, das Gehörte in Noten zu übersetzen.

Zum Komponieren gehört, sich den Klang eines Instrumentes vorstellen zu können. Auch ein bloßer Musikliebhaber erkennt eine Violine an ihrem spezifischen Timbre. Doch könnte er sie auch tatsächlich im Inneren, unabhängig vom einem ihm bekannten Werk, hören? Dazu würde noch eine neue Melodie benötigt, die die imaginäre Geige spielt.

Denken sich Komponistinnen diese neue Melodie »aus«? Oder wird sie ihnen »ein«-gegeben? Ist im Kopf gehörte Musik schon Klang? Werden Schwingungen im Gehirn beim Musikdenken erzeugt, die mit den Frequenzen der tatsächlich gespielten Musik vergleichbar sind?

Sind also Nachdenken und inneres Hören identisch?

Nachdenken ist ein aktiver und bewusster Vorgang, während alltägliche Gedanken permanent als innerer Monolog ablaufen. Denke ich jedoch bewusst nach, höre ich die vom Denken gefertigten Gedanken und eben nicht den üblichen Gedankenstrom. Doch höre ich auch dann immer nur das Ergebnis des Denkens, nämlich den »fertigen« Gedanken.

Kann ich nun der Entstehung des Gedankens überhaupt zuhören, oder *fällt* dieser mir *zu*, wenn ich mich auf seinen *Eintritt* konzentriere, ja den Gedanken förmlich herbeisehne oder -rufe?

Dann wäre der *Zufall* nur möglich durch meine Offenheit für den *Einfall.* »*Mir fällt etwas ein*«, sagt man. Oder auch: »*Ich hatte eine Eingebung.*« Es geschieht mir also etwas, was ich nicht kontrolliert steuern kann. Unsere Sprache suggeriert dabei, dass die Einfälle von außen in uns eindringen, genauso wie der Schall.

Vielleicht kann ich den alltäglichen Gedankenstrom nicht abschalten, weil ich auch meine Ohren nicht schließen kann. Ich muss für eine ruhige Umgebung sorgen, vergleichbar mit einem stillen Geist, den es braucht, um einen klaren Gedanken zu *fassen*. In diesem Sinne erschaffe ich durch meine Konzentration nur den Raum, in den ein kreativer Gedanke eintreten kann. Dann ginge es beim Nachdenken darum, günstige Bedingungen zu kreieren, damit der Ruf nach dem Gedanken erhört wird.

Beim tiefen Nachdenken tritt während einer Gedankenpause, im Gegensatz zum alltäglich-unbewussten Gedankenstrom, Stille ein. In dieser Stille lausche ich in den leeren Raum und warte auf den nächsten Gedanken, der sich mir als stimmig oder sinnhaft erschließt. Ohne das Hören würde ich diesen Gedanken verpassen.

Durch welche Pforte betritt nun der fertige Gedanke meinen Kopf? Wenn nicht durch das Ohr, dann vielleicht durch die Nase, auf den Schwingen des Atems?

Oder wird der Gedanke doch von mir selbst erzeugt? Dann wäre der Zeugungsort des Gedankens ein leerer Raum in mir. Und obwohl ich diesen Ort nicht kenne, bin ich in der Lage, den aus ihm ausströmenden Gedanken zu hören.

Mein Denken braucht also mein Hören, um mir bewusst zu werden. Der klare Gedanke folgt einem Pfad, der ihn sinnvoll mit dem nächsten Gedanken verbindet. Und der kreative Gedanke braucht die Freiheit, gedacht werden zu dürfen.

FREIHEIT

Alle wollen sie, und doch: Wenn sie mehr bedeutet als eine Freiheit »von«, löst sie Angst aus – die Angst, nicht zu wissen, was kommt. Und Angst ist die große Widersacherin der Freiheit. Als freiberuflicher Musiker macht es Angst, nicht zu wissen, wann der nächste Auftritt oder Auftrag kommt. Doch der nächste Auftrag könnte auch sofort das Ende der Freiheit bedeuten.

Für die eigene Entwicklung sind Phasen der Unsicherheit unabdingbar. Wer immer weiß, was kommt, ist gefangen. Wer sich entwickeln will, wird Zeiten der Angst erleben, weil er sich und die Welt nicht mehr genau einschätzen kann. Dann reift etwas Neues heran, und weil es eben nicht altbekannt ist, entsteht zunächst ein leerer Raum, in dem scheinbar nichts ist.

Dieses *Nichts* auszuhalten, ist die große Kunst der Freiheit, denn das *Nichts* wird selten verstanden oder gar begrüßt. Es irritiert und ängstigt zu sehr. Vermutlich wird deshalb Neues (im Sinne einer Weiterentwicklung, Evolution) auch von der Mehrheit der Menschen reflexartig abgelehnt. Aus diesem Grunde offenbaren solche Leerstellen erst in der Nachbetrachtung ihren Sinn, meist dann, wenn wieder Fülle in den leeren Raum getreten ist, dieser also wieder von *etwas* erfüllt ist. Dann werden zwar die Früchte der Freiheit genossen, doch die wirkliche Freiheit ereignete sich in der Phase zuvor, als nicht klar war, was kommen würde.

Freiheit hat etwas mit Warten zu tun. Warten bedeutet in diesem Zusammenhang:

Meine Wahl dessen, was kommen soll, ist keine reflexhafte Reaktion auf Ereignisse, sondern ein Stillhalten, um den auslösenden Impuls, der mich ins Handeln bringt, zu bemerken. Wer warten kann und ohne zu zögern handelt, wenn es soweit ist, ist frei.

Freitag
Stille im Garten
Alle Bäume aus Glas
Ein Tag, nur um zu warten
Auf das, was kommen mag
Auf dass es kommen mag

Wer nicht warten kann, denkt sich etwas aus: eine Idee, ein Konzept, das einen Kontext bietet, zu dem sich alle und alles in Beziehung setzen lässt. Das schafft Sicherheit für die Deutung der Bedeutung des eigenen Tuns. Dabei wird das Warten auf den sich von selbst offenbarenden Sinn vermieden und durch etwas Ausgedachtes ersetzt. Das ergibt Klarheit für Diskussionen, für Argumente und Begründungen. Dieser Rahmen überspielt die Angst.

Dass die Angst in dem Moment von allein verschwindet, in dem die Wahrheit der Gegenwart zugelassen wird, kann dann aber nie erlebt werden. Manchmal fehlt nur noch ein kleiner Schritt, ein Augenblick, um in die Freiheit des Tuns hineinzugleiten; doch ist die Angst zu groß und die Erfahrung der Freiheit noch nie gemacht worden, zieht sich der Mensch lieber auf das vertraute konzeptionelle Arbeiten zurück. Dabei gerät nur leider mein Gegenüber unter die Räder dieses Kontextes:

Weil ich Dich denke anstatt Dich zu hören, sehe ich Dich nicht. Ich verpasse Dich, weil ich Dir in meinem Konzept schon einen festen Platz zugewiesen habe.

Vielleicht sind deshalb so viele Menschen mit ihrer Arbeit unglücklich: Sie werden einfach nicht erkannt in ihrer Besonderheit. Für das Eigene ist kein Platz in Strukturen der Angst.

In den Augenblicken und Zeiten des Nichts eröffnet sich die große Chance zum Spielen. Das Spiel ist die Urform schöpferischen Handelns. Wir alle haben es getan. Als Kinder. Wir haben »sinnlose« Dinge getan und es genossen. Wir haben Welten fantasiert und sie durch unsere Hingabe Wirklichkeit werden lassen. Jede Kreativität hat ihren Ursprung im sinn- und bedeutungsfreien Spiel der Kindheit. Der göttliche Funke, genau dort zündet er. Ausnahmslos jede und jeden setzt er in Flammen. Doch dann geht es in die Schule, und sehr oft beginnt damit das große Vergessen dieser Glückseligkeit. Die grenzenlose Angst vor dem Liebesentzug derer, die uns bewerten, macht uns nach und nach zu Sklaven unserer Gehemmtheit.

Kreativität braucht keine Begründung und kein Konzept. Die Strukturen, die Dramaturgie und der Fahrplan des Handelns offenbaren sich auf dem Weg. Eins gibt und nimmt das andere. Freiheit ist die Erfahrung dieser Glückseligkeit in dem Vertrauen, dass sich alles aus sich selbst heraus inszeniert.
Wenn ich zuhöre anstatt zu denken!

In der Musik heißt das konkret: Sich beim Hören nur auf das zu fokussieren, was tatsächlich klingt. Wenn keine Regeln des »Geschmacks« und der Ästhetik mehr gelten, wird jede musikalische Äußerung, jedes Geräusch zur gleichwertigen Zutat einer Musik. Diese Haltung, manchmal eher abwertend als »anything goes« bezeichnet, entfaltet ihre Kraft, wenn das Gespielte nicht als Idee ausgedacht, sondern als Klang gehört wurde. Ebenso verhält es sich auch, wenn Menschen gemeinsam mit ihren Stimmen ohne jede Vorgabe improvisieren. Ist ein mit der Stimme hervorgebrachtes Geräusch klanglich motiviert, berührt es; ist es als ein Ausdruck einer gespielten Haltung erdacht, wirkt es fast albern. Wenn also jemand zum Beispiel wie ein Huhn gackert und sich dabei dieses Tier vorstellt, ist der Ausdruck ein ganz anderer, als wenn sich das Gackern aus einer stimmlich-klanglichen Erforschung heraus »im Mund« ergibt. Der Unterschied besteht in der Hingabe an den Klang anstelle eines argumentativ begründbaren und vor der Angst rettenden Gedankens oder Konzeptes. Und dieser Unterschied ist für nahezu jeden Menschen ein spürbares Qualitätsmerkmal.

Auch im professionellen Musikumfeld macht es einen Unterschied, ob ein Ton *gedacht* oder *gehört* wurde. Wird er gedacht, entsteht er aus dem Feld der Erwartungen. Auf der Modern-Jazz-Jamsession wird von Musikern und Publikum schlichtweg erwartet, dass das Schlagzeug die »time« auf dem Ride-Becken oder der Hi-Hat spielt.

Mit Freiheit hat das natürlich nichts zu tun. Die Reaktion darauf könnte aus dem Feld des Widerstands auftauchen. Die Idee wäre also, genau das *nicht* zu tun, was erwartet wird. Doch weil es eine Idee ist, die aus der Reaktion auf mein Umfeld entsteht, ist auch hier die Freiheit – und damit meine Fantasie – eingeschränkt. Alle Erwartungen und Erinnerungen von klanglichen Kontexten zu vergessen und darauf zu vertrauen, das zu hören, was *jetzt* stimmt, wäre eine Freiheit, die aus dem Augenblick entstünde. Mitunter ist das rein handwerkliche Ergebnis das Gleiche. Die Schlagzeugerin spielt die »time« oder eben nicht. Doch der zu hörende Klang macht einen Unterschied. Er wird inspirierend sein, weil er der Quelle der eigenen Kraft entspringt. Denn die zugrunde liegende *Haltung* öffnet. Und Offenheit ist das Angebot der Freiheit an den Mitmenschen. Es entsteht nicht nur ein angstfreier Raum im Inneren, sondern auch ein Umfeld des Vertrauens im Miteinander. Vertrauen ist *das* Medikament gegen die Angst. Vertrauen ist das Fundament der Freiheit.

Freiheit kann nicht gespielt werden. Freiheit heißt immer, das Risiko einzugehen, doch noch Angst zu bekommen. Freiheit riskiert auch, bei nächster Gelegenheit wieder nicht zu wissen, wie es weitergeht. Freiheit kennt keine Regeln.

Freiheit braucht aber die Entscheidung, sie zu wollen, sich nach ihr zu sehnen und alles Mögliche zu tun, damit sie eintreten kann. Sie tritt ein, wenn sie schon da ist. Freiheit ist der sich selbst erschaffende, große und zu allen Seiten offene Raum, in dem alles vorstellbar ist. Auch dieser Raum bleibt eine Begrenzung, die der Dualität, unserem Leben in Zeit und Materie, geschuldet ist. Doch das offene Ohr in diesem Existenzraum ist eines der größten Geschenke, das sich Menschen machen können.

Alles sieht so anders aus
Als ob die Welt sich dreht
Dunkle Nächte – tiefe Tage
Nimm das zu Protokoll

Nur um zu sehen, bin ich hier
Um alles einmal anzufassen

(Der Song »Freitag« ist zu hören auf dem Album »Jens Thomas: jENS tHOMAS«, Misitunes, 2020.)

ERINNERN

Ich bin da. Und will was machen. Ich setze mich ans Klavier und fange einfach an.
Da ist dieser Klang, drei Töne, C, D, G, drei weiße Tasten auf dem Klavier.
Die Töne schweben. Sie lassen alles offen, sodass ich in sie eintauchen kann.

C, D und G erzählen von den unzähligen Liedern, Songs und Symphonien, deren Bestandteil sie jemals waren. Jeder Mensch auf diesem Planeten, ob er nun an einem kleinen Keyboard, einem kaputten Klavier oder einem formidablen Konzertflügel sitzt: Jeder kann diesen Klang erzeugen. Drei Finger, drei Töne. Und dann diesen Tönen nachlauschen. Was taucht da alles auf: Brahms, Palestrina, Mozart, Morricone, Tom Petty, Abba …, und lasse ich einen dieser Töne weg, das D, öffnet sich die nächste Welt, die ich als Kind der westlichen Musikhemisphäre nicht mit Personen, sondern nur mit sehr vagen Beschreibungen benennen kann: ein indischer Raga, arabische Musik, afrikanischer Blues.
    Jetzt kommen die Dudelsäcke, da die Naturtrompeten der Tempelritter.
    Doch diese Zuordnungen höre ich nur denkend. Wirklich höre ich etwas anderes. Meine Erinnerungen. Ich höre eine Welt, die es nicht mehr gibt.

Ich sitze am Klavier, mit zehn Jahren, und entdecke diesen Klang: C, D, G. Was für ein Ereignis. Into the great wide open. Auf einmal. Beim Klavierunterricht immer zu viele Töne: Bach, Haydn, die ja auch diese drei Töne verwenden, doch ich komme nie dazu, sie zu hören, weil darunter und darüber so viel anderes passiert oder passieren soll, falls meine Finger die richtigen Tasten treffen. C, D, G: Ihr drückt alles aus, was ich nicht in Worte fassen kann. Alles ist möglich. Alles ist traurig. Alles ist meins. Die Welt. Meine eigene Welt. Nicht die von Haydn oder Bach. Meine drei Töne. Und jetzt lasse ich das D weg und spiele stattdessen ein F. Drei weiße Tasten: C, F, G.

HA! Ich bin zehn Jahre alt und habe soeben das große Geheimnis entdeckt. Ich weiß: Niemand sonst kennt diese Töne. Jetzt wieder den ersten Klang: C, D, G. Und dann den zweiten Klang: C, F, G. Ich drehe durch. Das ist es, das ist es doch. So geht meine Musik. Habe ich auch schon mal im Radio gehört, und das macht es noch schöner. Ich kann Radio! Und doch sind es meine zwei Klänge, das spüre ich. Was macht die linke Hand? Bisher nichts. Die soll auch was machen.

Ich nehme den gleichen Ton links, der auch rechts ist. C. HA! Und jetzt einfach das C zweimal unten, also doppelt. Macht der Haydn in seinen doofen Sonaten doch auch immer. Bäng! Die Oktave erwischt mich komplett. Das ist es! Ich habe es!

Das ist Musik. Jetzt Rhythmus irgendwie. Bam, bam, bam, bam. Huah! Die linke Hand klopft mit der Oktave unten den Rhythmus und die rechte Hand immer im Wechsel: C, D, G. Und C, F, G. Meine Fresse, ist das geil. Bam, bam, bam, bam.

Und oben huih, huah, huih, huah ..., und es muss noch weitergehen, noch ein anderer Ton oben. Einer fehlt noch. E! Ja! E! Also als dritter Klang: C, E, G. Macht doch der Kuhlau, oder wie der heißt, auch, in seinen sauöden Sonatinen. Doch hier bei mir gehts gerade ab: C, F, G – C, E, G – C, D, G. Noch mal, immer wieder, immer wiederholen. Und die linke Hand bängt die Oktave: C, C, C, C, C. Ich bin so aufgeregt. Und was passiert, wenn die linke Hand auch noch was anderes macht? Die Oktave einfach runterlaufen lassen. H, nee, weiß nicht ... A, ja, A ist es.

A ist groß in der linken Hand. Und weiter ... G! G!!! Der Wahnsinn. Ich schwebe, ich bin groß. Die Welt so weit. UUUH! Einen Schritt noch weiter: F! Auf das Plateau, unter mir das weite Tal, weit gucken können, the great wide open! Das F ist unbeschreiblich, es gibt mir einen Zwischenhalt, einen Ausblick und zugleich Rückblick und ...

Ich glaube, ich bin schon älter geworden in diesen paar Minuten, ich schaue zurück. Boahh. Und von vorne die ganze Geschichte, ja, wieder auf Anfang, aber trotzdem anders in der Wiederholung, eine Bestätigung und doch etwas Neues, weil es beim zweiten Mal schon noch mehr da ist. Wie soll man das beschreiben? Hör doch! Ein LIED, ein LIED, MEIN LIED!!!

Ungefähr so wie oben beschrieben entdeckte ich als Zehnjähriger nach und nach Zusammenklänge, die längst ein alter Hut waren. Doch weil ich diese Harmonien nicht in einem Buch lernte, sondern sie selbst herumprobierend fand, waren neue Akkorde für mich ein Ereignis. Nichts zu kennen, enthob mich der Langeweile, alles schon zu wissen. Meine Unwissenheit und Naivität führte mich viel später zum »Realbook«, der Bibel des Jazz, in dem sehr viele der sogenannten Jazzstandards notiert waren. Mit sechzehn, nach einem Auftritt in einer Hannoveraner Musikkneipe, drückte mir ein mir wohlgesonnener älterer Musiker ein zerfleddertes Exemplar mit den Worten in die Hand: »Das wirst Du mal brauchen.« Keine Ahnung, was er meinte, und da ich keine Aufnahmen der Realbook-Stücke kannte, fummelte ich mir die Akkorde und Melodien eben selbst zurecht. Irgendwann gab es in der Provinz einen Jazzworkshop, und dort lernte ich Mitspieler kennen, die ganz viele berühmte Schallplatten all der Jazzgrößen kannten, die die Standards des Realbook spielten. Die wussten, was »man da spielt«. Und wunderten sich, was ich da spielte. Irgendwie ging es trotzdem zusammen.

Später habe ich mich oft für meine Unwissenheit geschämt. Ich zwang mich dann regelrecht, bestimmte Aufnahmen zu hören, zum Beispiel von Charlie Parker, obwohl sie mich gar nicht berührten. Lieber wollte ich einfach so weiterspielen und, klar, üben; fürs Musikhören blieb da gar nicht richtig Zeit. Doch ich wollte auch dazugehören, wollte auch wissend die Augenbrauen hochziehen bei einer bestimmten Phrase, die Red Garland spielte, aber im Grunde interessierte mich das nicht. Ich wollte nur dieses Gefühl immer wieder haben, die Euphorie der Entdeckung. Und deshalb ertrug ich manchen peinlichen Moment mit Mitmusikern und konzentrierte mich mehr auf das Spielenkönnen des Klaviers, in der Hoffnung, dass zumindest meine technischen Fähigkeiten Eindruck schinden würden bei den Kollegen, und natürlich auch, weil ich ahnte, umso mehr entdecken zu können, je besser ich das Instrument beherrschte. Irgendwann hatte ich das Gefühl, dass ich im Grunde besser improvisieren kann, wenn ich alles, was ich gehört habe, wieder vergesse. Ich erkenne zwar beim Spielen gewisse Dinge wieder, aber ich bringe sie nicht in einen historischen Kontext. Das bewahrt mich vor der Frustration des Wissens, dass es nichts wirklich originär Neues mehr gibt, sondern eine Musik-Erfindung immer eine Kombination, eine Zusammenstellung von schon Dagewesenem ist. Neues entsteht aus der Veränderung und Erneuerung des Kontextes. Das Vergessen ist also wichtig, um etwas neu entdecken zu können. Denn der Vorgang des Erinnerns spielt sich ja immer in einer anderen Gegenwart ab. Im Jetzt. Und allein das ist natürlich, bewusst erlebt, eine Neuentdeckung. Oder? – Wovon sprach ich gerade? Ich habe es vergessen. Aber jetzt erinnere ich mich. Ach so.

Wer also improvisieren will, muss vergessen können. Wer nicht vergessen kann, spielt vergangenen musikalischen Glücksmomenten hinterher oder versucht, durch Vermeidung die Wiederholung von erinnerten Momenten des Scheiterns zu umgehen. Beides erzeugt mentale und körperliche Verspannungen. Das Vergessen bewahrt davor, in der Vergangenheit hängenzubleiben.

Und sich selbst zu vergessen, ist das große Glück der Gegenwart. Selbstvergessen zu spielen, bringt die tiefsten Schichten der eigenen Kreativität zum Vorschein.

Da bin ich, und ich merke, dass ich wieder da bin. Eben war ich noch abwesend in meiner Anwesenheit. Jetzt bemerke ich es und bin wieder da im Denken. Ich bin wieder bewusst unbewusst; kurz zuvor war ich in meiner Selbstvergessenheit zwar verschwunden, doch ganz anwesend im Augenblick. Ich war verloren im Tun und geborgen im Sein.

Die Konzentration auf das Hören bringt mich in die Gegenwart, in der ich alles vergessen und alles wissen könnte. Sie öffnet mir aber auch das Tor zum Speicher aller Erinnerungen an das, was jemals gehört wurde. Jeder Klang ist im kollektiven Gedächtnis gespeichert. Je älter die Welt wird, umso reicher ist die Bibliothek der Klänge gefüllt. »Erinnern heißt erfinden«, hat Joachim Meyerhoff geschrieben. Vermutlich gilt für das Hören: Erfinden ist Erinnern.

So, wie Michelangelo seinen David in einem großen Marmorblock *gefunden* hat. Er sah, was sonst niemand in dem groben Stein sehen konnte. Insofern *erfand* der Künstler die Statue nicht, sondern er *fand* sie. *Er* ist eben nicht identisch mit dem zu *Findenden*. Der Abstand zwischen ihm (*Er*) und dem *Gefundenen* macht die *Findung* überhaupt erst möglich. Etwas zu finden, wäre dann eben eine *Erfindung*, denn das Gefundene wird durch die seherische Fähigkeit eines Menschen sichtbar gemacht. Das zu Findende findet umgekehrt den Menschen, der es sicht- oder hörbar machen kann. Mozart hörte die ihm eingegebene Musik so schnell in sich, dass er mit dem Notieren kaum hinterherkam. Er hörte sie, weil sie plötzlich da war. In ihm war. Er hörte seinen *Eingebungen* zu. Doch nur was schon existiert, kann gegeben und eingegeben werden. Sind diese Findungen also Erinnerungen? Ist eine Komposition, entsprechend der deutschen Bedeutung des lateinischen Begriffs *compositio*, eben tatsächlich eine »Zusammenstellung« dessen, was ein Medium wie Mozart auf seine eigene Weise *findet*? Wieder findet? Die eine Form der Erinnerung ist die persönliche an ein konkretes Ereignis, zum Beispiel ein selbst gespieltes Konzert. Die andere ist eine kollektive, möglicherweise universelle Erinnerung bestimmter Frequenzen, die sich durch die Wieder-Erinnerung in unserer Welt als Musik oder Bild manifestieren.

Nicht nur als Musikerin erhält diejenige, die etwas kreieren will, durch das Hören auf ihr Denken und Fühlen Zugang zur universellen Quelle. Vermutlich erinnert sie sich sogar an das, was sie selbst nie getan oder gedacht hat. Der kreative Mensch verbindet sich über sein Erfinden mit diesen kollektiven Erinnerungen. Er findet. Und gefunden werden kann nur, was schon da ist. Das Glück des Schöpfens ist das Eintauchen in die Quelle mit dem Gefühl der Einmaligkeit dieses Augenblicks des Trinkens. Unser Durst wird für einen Moment gestillt. Schöpfend schlürfen wir das Fluidum der Erinnerungen und erschaffen Gegenwart. Wenn unser Denken ohne unser Hören gar nicht von uns wahrgenommen werden könnte, dann wäre auch Erfinden ohne Erinnern nicht möglich.

Jetzt setze ich mich wieder ans Klavier und gehe bewusst ins Hören.
   Ich tue nichts, außer zu hören. Dann spiele ich. Und ich erinnere mich.
Plötzlich weiß ich, woher ich komme.

   Ich höre meine Existenz als Resonanz unzähliger Leben vor mir.
Ich selbst bin schon hier gewesen und ich bin auch jetzt mehr als eine Person.
   Ich spüre die Erinnerungen der Klänge als Sehnsucht, als Trauer und Jubel.
      Das, was war, klingt in mir. Ich höre es jetzt.

Und ich höre den Windhauch eines Songs aus den 80er-Jahren.
      Nicht genau, eher eine Ahnung.
Geflüstert, gehaucht.
   Die Ahnen sind nah, einen Luftzug entfernt. Doch ganz woanders.
Auch sie erinnern sich. Und wir erinnern uns an sie, wenn wir sie hören.
   Die Songs und die Menschen. Die Klänge verbinden uns.
      Und ich erinnere mich wieder an den Anfang:
      Ich bin da.

MEDIUM

Als Medium werden Menschen bezeichnet, die mit Verstorbenen kommunizieren. Einige von ihnen treten öffentlich auf, und so mancher findet Trost in den Botschaften nicht mehr lebender Angehöriger. Auch Komponistinnen werden mitunter Medien genannt, und bildende Künstler wie Sigmar Polke oder Joseph Beuys spielten mit der Vorstellung von Eingebungen »höherer Wesen« oder zeichneten nicht, »wenn sich keiner meldet«. Die Thematik, aus welchen Quellen sich Kreativität speist, faszinierte mich stets, doch erst aufgrund der Beeinträchtigung meines eigenen psychischen Wohlbefindens durch verwirrende Gefühle und Gedanken begann ich mich zu fragen, ob der Begriff »Medialität« nicht auch noch etwas anderes meint als das Übermitteln konkreter Wortbotschaften aus dem Jenseits.

Da ich mich als Künstler vor allem mit Gefühlen als Grundlage schöpferischer Prozesse beschäftige, habe ich, wie viele andere Musiker auch, eine starke Sensibilität für die Wahrnehmung von Emotionen jeder Art entwickelt. Wie weit aber das Fühlen fremder Gefühle gehen kann, war mir lange nicht bewusst.

Ich fand es normal, beim Musizieren starke Emotionen zu haben. Woher diese rührten, war mir nicht wichtig. Erst als sie auch meinen Alltag und mein Beziehungsleben durcheinanderbrachten, begann ich Zusammenhänge zu erkennen, die darauf hindeuteten, dass das, was ich fühle, nicht unbedingt meine eigenen, sondern häufig die Gefühle anderer Personen sind.

Sobald ich mit jemandem in Kontakt bin und mich dieser Person öffne, können mich urplötzlich Stimmungen und Gedanken überkommen, die in keiner vernünftigen Relation zu meiner Alltagsrealität stehen. Da ich jedoch lange nichts von dem Phänomen Medialität wusste, versuchte ich mir diese Emotionen für mein eigenes Leben passend zu erklären. Daraus entstanden absurde Situationen, die meine Mitmenschen in großes Erstaunen versetzten. Mit Ende zwanzig tauchte in mir beispielsweise immer wieder die Idee auf, mich von meiner Frau trennen zu »müssen«, obwohl ich sie liebte und es überhaupt keinen tatsächlichen Grund dafür gab. Erst als ich mitbekam, dass ein Psychologe, den ich in dieser Zeit konsultierte, selbst große Schwierigkeiten mit seiner Partnerin hatte, dämmerte mir, woher diese Anwandlungen kamen – und sie verschwanden. Mehrere Begebenheiten dieser Art zeigten mir, dass sich fremde Gefühle auflösen, sobald ich die Person identifiziert habe, von der sie stammen.

Ein Sommertag auf dem Land. Herrliches Wetter, alles blüht. Doch in mir Tristesse. Schon beim Aufstehen traurig. Keine Lust mehr. Beim Frühstück überkommt mich ein großer Schmerz, der sich im Laufe des Vormittags zu einer tiefen Traurigkeit auswächst. Ich habe das Gefühl, einen Verlust zu betrauern, so als sei jemand gestorben. Bei mir sind aber keine schlechten Nachrichten eingetroffen und ich bin auch mit niemandem verabredet, von dem diese Emotion stammen könnte.

Nachmittags raffe ich mich dann auf, eine Runde mit dem Fahrrad durch den Wald zu fahren. Auf der Rückfahrt, am Ende des Dorfes, ruft mich plötzlich jemand. Eine Bekannte aus dem Ort kommt mir entgegengeradelt. Wir plaudern ein wenig.

Sie erzählt mir, dass ihr Mann sehr über den erst kurz zurückliegenden Tod seines Vaters trauere. Nach ein paar Minuten verabschieden wir uns. Noch während ich um die nächste Ecke biege, löst sich in einem Augenblick meine ganze Schwermut auf. Dann steige ich vom Fahrrad ab, um ein paar Meter zu gehen. Als meine Schuhe die staubige Straße berühren, verstehe ich es. Ich hatte den ganzen Tag über die Trauer ihres Mannes gefühlt.

Lange dachte ich, dass diese Phänomene nur in Verbindung mit lebenden oder verstorbenen Menschen auftauchen, die ich persönlich kenne. Doch dann erlebte ich zwei Geschichten, die den Kreis möglicher Quellen erweiterten.

Vor einigen Jahren erhielt ich die Einladung, bei einem Festival einen Abend über Karlheinz Stockhausen zu gestalten. Ich wählte den Titel »Stimmungen« für ein Solokonzert mit Improvisationen über ein Vokalstück des Komponisten, kombiniert mit eingespielten Originalzitaten aus Interviews, Texten und Vorträgen. Im Zuge meiner Beschäftigung mit Stockhausen, dessen Werk und Ideen ich zuvor nicht gut gekannt hatte, rutschte ich über Wochen unbemerkt immer tiefer in einen merkwürdigen, leicht gereizt-niedergeschlagenen Zustand. Da ich mich zeitgleich auch noch mit anderem Material auseinandersetzte, brachte ich dieses Gefühl nicht mit dem Werk Stockhausens in Verbindung.

Eines Tages, kurz bevor ich zu meinem Übungsraum aufbrechen wollte, wurde ich von einer Mischung aus Wut und innerer Kälte übermannt, die mich Streit mit meiner Frau suchen und finden ließ. Nach einem kurzen Schlagabtausch über irgendeinen nebensächlichen Organisationsaspekt des Alltags fragte sie mich, was denn eigentlich mit mir los sei. In welcher »Stimmung« ich mich denn bloß befände. Diesen Ausdruck benutzte sie eigentlich nicht, »schlechte Laune« hätte eher ihrem Vokabular entsprochen. Das Wort »Stimmung« versetzte mir einen Schlag und ich setzte mich zu ihr auf einen Stuhl am Fenster. Ich fühlte mich nicht mehr als »ich, Jens«, sondern empfand mich als einen großen Geist, einen Schöpfer, der ein tiefes Wissen über Dinge in sich trägt, von dem andere keine Ahnung haben. Umgeben von unwissenden, mich nicht verstehenden Menschen sah ich mich unerkannt und nicht wertgeschätzt in meiner Kreativität und Größe. Es war eine Mischung aus eigener Überheblichkeit und tatsächlicher Ignoranz meiner Umwelt. Das war nicht ich, das war Stockhausen. Als ich das meiner Frau erzählte, fragte sie mich: »Was brauchst Du denn, damit Du Dich besser fühlst?« Mir war, als spräche sie zu Stockhausen, nicht zu mir. Und ich antwortete: »Keiner liebt mich um meiner selbst willen. Niemand kennt mich, ich bin so allein.« Mir kam es vor, als wäre ich ein kleiner Junge oder eine fragile Seele, die keinen Frieden findet, weil sie sich noch immer nicht erkannt fühlt. Dann flossen die Tränen und ich war wieder ich selbst. Zugleich war ich voller Mitgefühl mit dem großen Komponisten. Dann fragte ich »ihn«, was meine Frau mich gefragt hatte. »Was brauchst Du?« »Liebe«, war die Antwort. Ich sang mit ganz viel Hingabe ein paar Obertöne (mit dieser Gesangsform hatte sich Stockhausen als einer der ersten westlichen Komponisten intensiv und innovativ beschäftigt) und stellte mir vor, sie zu ihm zu »schicken«.

Und dann war es vorbei. Mir ging es wieder gut, meiner Frau auch. Vielleicht auch Stockhausen. Ich hörte danach jedenfalls nichts mehr von ihm. Mein Konzert habe ich in sehr schöner Erinnerung, ein spannender und leichter Abend, dem die Menschen im Saal der kleinen Stadt mit erstaunlicher Offenheit und Hingabe zuhörten.

*

Auf Einladung des Schleswig-Holstein Musik Festivals entstand im Sommer 2018 die vierte gemeinsame Arbeit mit Matthias Brandt unter dem Titel »Krankenakte Robert Schumann«. Neben dem Roman »Schumanns Schatten« von Peter Härtling waren die historischen Krankenakten aus Endenich, in denen der Krankheitsverlauf Schumanns in seinen zwei letzten Lebensjahren detailliert nachzulesen ist, eine weitere Quelle; ein Protokoll des psychischen und körperlichen Leidens des Komponisten bis zu seinem Tod im Jahr 1856. Im Zuge unserer Vorbereitung befasste ich mich intensiv mit den Kompositionen von Robert Schumann, vor allem mit seinen Liedern für Stimme und Klavier. Währenddessen schrieb ich selbst mehrere Lieder für das Programm und übte Schumanns Klavierstücke, um Material für meine Improvisationen in die Finger zu bekommen. Je länger sich die Wochen vor der Premiere hinzogen, desto größer wurde meine innere Unruhe. Das ist insofern normal, als jedes neue Programm eine gewisse Anspannung mit sich bringt – eine vielen Künstlerinnen bekannte Begleiterscheinung im Entstehungsprozess von neuen Arbeiten. Doch in diesem Falle wuchs nicht nur meine Nervosität, sondern auch immer mehr ein Gefühl der Isolation und Verzweiflung. Mir war, als könne ich mit mir selbst nicht mehr leben. Es wurde täglich unerträglicher, bis ich eines Tages einen tief depressiven Zustand erreicht hatte, so als hätte ich jeglichen Lebensmut verloren und sei kurz davor, verrückt zu werden. Zugleich lauerte in mir ein grotesker Zorn auf mich selbst und meine Umwelt. Ich fand keinen Ausweg aus diesem Zustand, und als ich diese Ausweglosigkeit ganz fühlte, geriet ich in Panik und bat meine Frau, mich in die »Nervenheilanstalt« einzuliefern. Ich benutzte tatsächlich dieses altmodische Wort. Dann schrie ich sie an: »Geh weg von mir!«, weil ich Angst hatte, sie im nächsten Moment körperlich zu verletzen. Irgendwo dämmerte es mir, dass ich nicht mehr wirklich »ich« war, aber die zerstörerische, brutale Energie war so stark, dass sie mich vollkommen im Griff hatte. Ich schloss mich in einem Zimmer ein und rastete total aus, schrie, weinte und schlug auf Gegenstände und Kissen ein, bis ich restlos erschöpft war. Eine abgrundtiefe Leere breitete sich danach in mir aus, und ich verließ nach einer Weile wie eine Mumie auf Beinen den Raum und ging nach draußen. Als meine Frau mich so sah, fragte sie: »Ist das Schumann?« Und ich wusste sofort, was sie meinte. Eine unfassbare Erleichterung erfasste mich. Ich war wieder da! Ich war wieder ich! Im Moment der Erkenntnis verließ mich die grauenhafte Energie und ich fühlte mich bei aller Erschöpfung wie neu auf die Welt gekommen. Ich war so froh, weder verrückt noch lebensmüde zu sein, dass ich ganz ehrfürchtig und still in die Wipfel der Bäume unseres Gartens schaute. »Noch mal davongekommen«, dachte ich. Was hätte ich ohne die Weit- und Hellsichtigkeit meiner Frau getan?

Während unserer Premiere im Kieler Schloss etwa zwei Wochen später wurde mir noch einmal deutlich, was sich in mir abgespielt hatte. Robert Schumann ließ sich selbst in die Klinik von Endenich einliefern, weil er fürchtete, seiner Frau etwas anzutun. Die emotionalen Zustände, die ich durchlaufen hatte, waren denen von Schumann sehr ähnlich. Noch mehr als in anderen, vergleichbaren

Situationen hatte ich den Eindruck, dass die von mir gefühlte Energie tatsächlich aus dem emotionalen Gedächtnis des Geistes des Komponisten stammte, so zwingend überkam sie mich und so unausweichlich war ich ihr ausgeliefert gewesen.

Insofern ist meine künstlerische Tätigkeit, ob ich will oder nicht (und so anmaßend das klingen mag), letztlich doch auch die eines Mediums, dessen Aufgabe es ist, eine emotionale Nachricht zu überbringen. Dabei bin ich nicht der Sender, sondern der Bote. Denn sobald ich mich einem Thema zuwende, entgleitet mir die Kontrolle, und ich habe keine Wahl mehr, wie und was dabei herauskommt. Ich werde ergriffen und es ergreift mich, so lange, bis ich begriffen habe. Das Publikum als potenzieller Empfänger kann sich hingegen frei entscheiden, ob es diese Nachricht hören will. Die Botschaft an sich lässt den Zuhörer frei.

Auch Körper und Seele überbringen Botschaften. Sie zu hören, ist nicht immer leicht, denn diese Art des Hörens kennt keine Regeln. Ich selbst muss intuitiv entscheiden und Verantwortung übernehmen. Stimmigkeit ist das Gefühl, mit meiner persönlichen Wahrheit in Kontakt zu sein und tatsächlich auch in ihrem Sinne zu handeln. Dieses individuelle Hören auf eigene Empfindungen und Ängste erlaubt es, in der eigenen Welt zu Hause zu sein.

GESUNDHEIT

Ein Winterabend in Berlin, frühe Dunkelheit. Mir gegenüber sitzt in einer Arztpraxis eine Allgemeinmedizinerin. Die Ärztin hat eine Einzelsitzung bei mir gebucht und möchte an ihrer Stimme arbeiten, die sie den ganzen Tag über in Patientengesprächen stark beansprucht.

Wir »gehen ins Hören« (siehe Hörübungen). Nach einer Weile beginnen wir einzelne Töne zu singen – was uns gerade so in den Kopf und in die Stimme kommt. Während einer kurzen Pause ermuntere ich sie, die Töne länger auszuhalten, zu wiederholen und mit ihnen zu spielen. Nach einer weiteren kurzen »Ton-Einheit« öffnen wir beide die Augen. Mein Gegenüber, vor zehn Minuten noch aufgekratzt und nervös vom langen Arbeitstag, ist sichtlich zur Ruhe gekommen. Eine angenehme Stille macht sich in ihrem Sprechzimmer breit. Sie greift nach einem auf ihrem Tisch liegenden kleinen Ball. Nach einem Moment in ihrer Hand verfärbt sich die Kugel grün. Frau Doktor ist begeistert: »Wir sind voll im Parasympathikus, das ist ja toll. Dafür muss ich sonst lange üben.«

Der Gegenstand in ihrer Hand ist ein von Medizinern entwickeltes Biofeedback-Gerät, das mithilfe eines optischen Sensors den Puls an den Fingern misst und daran die Herzratenvariabilität erkennt, die wiederum die Aktivität des Parasympathikus anzeigt. Ein aktiver Parasympathikus, den sie auch »Bremse« nennt, sei im Gegensatz zum Sympathikus (»Gaspedal«) eine körperliche Voraussetzung nicht nur für innere Ruhe, sondern auch für Regeneration und Selbstheilung, erzählt sie mir. Um ein grünes Signal zu erhalten, übe sie täglich mithilfe von Lichtsignalen des Geräts, eine bestimmte Atemfrequenz zu erreichen. Und nun habe sich allein durch die Konzentration auf das Hören und die wenigen gesungenen Töne ganz von selbst die gewünschte Atemfrequenz und damit Entspannung eingestellt.

Gegen Ende unserer Sitzung wiederholt sie die Messung mit dem sogenannten »Qiu«, und wieder zeigt sich das grüne Licht. Zuvor hatte sie mir ganz freudig das friedliche Gefühl beschrieben, das sich durch unser Tönen und Hören in ihr aufgebaut habe. Doch jetzt, nachdem sich für sie auch messbar die positive Wirkung auf ihren Körper zeigt, ist sie sehr erstaunt über die Einfachheit einer ohne technische Hilfsmittel auskommenden »Methode«, wie sie unsere Begegnung nennt.

Später, zurück im Berliner Regenwinter, wundere ich mich darüber, wie sehr die einfachsten Fähigkeiten unseres Körpers – wie, mit den Ohren zu hören und Töne mit der Stimme zu erzeugen – in unserer Wahrnehmung so in der Bedeutungslosigkeit verschwinden konnten, dass sie erst durch die Hinzunahme von Technik wieder wirklich wertgeschätzt werden können. So als würden wir eher einem technischen Gerät als unserer eigenen körperlichen Wahrnehmung vertrauen. Das mit dem Auge *sichtbare* LED-Licht erzeugt in uns ein Gefühl von Wahrheit sowie den *Gedanken*, dass durch die korrekte Messung die von Medizinerinnen prognostizierte Wirkung eintritt. All das spüre ich nicht selbst, sondern ich *glaube* dem Gerät. Das vom Körper *empfundene* Wohlbefinden wird nicht als wahrhaftiger Ausdruck von Wirkung betrachtet.

Denn würde ich behaupten, dass aufgrund meiner *eigenen Erfahrung* Hören und Tönen eine wohltuende Wirkung auf meinen Körper und damit auf meine Gesundheit haben, würde mir das niemand glauben. Kann ich mir also erst jetzt sicher sein, da mir ein kleiner Leuchtball die technisch messbare Bestätigung erbracht hat? Heißt das dann, dass ich jetzt wieder nur *glaube*, was ich vorher *wusste*? Bin ich also durch den Gebrauch von Technik im Bewusstsein wieder hinter den Stand der abendländischen Aufklärung zurückgefallen, weil eine auf Erfahrung basierte Erkenntnis weniger Gültigkeit hat als der Glaube an die Technik? Der »Beweis« ist ein Gedanke, der dem Glauben an die Messmethode entspringt. Ich weiß nämlich nicht, wie das Biofeedback-Verfahren im Detail funktioniert. Zuvor aber wusste ich, was ich fühle, und war somit im Besitz einer Erfahrung; einer Erfahrung, gemacht von meinem eigenen Ohr und meinem eigenen Körper. Der Versuch der Objektivierung, also der Wunsch nach Allgemeingültigkeit, führt mich weg von dieser Erfahrung. Nicht mein selbst erworbenes Erfahrungswissen zählt dann, sondern die von mir unbekannten Personen erdachte technische Einrichtung. Zu denken, dass Hören und Tönen gesundheitsfördernd sind, ist nicht gesundheitsfördernd. Selbst zu hören und zu tönen, ist es.

Anders gesagt: Mit dem bewussten Hören entwickle ich meinen Sinn für das, was mir wirklich gut tut. Jeder Mensch kennt den Unterschied zwischen einer kurzen Zuckereuphorie und einem tiefen Wohlbefinden. Diesen Unterschied fühlen zu können, bedeutet, etwas über sich und seinen Körper tatsächlich zu *wissen*.

Fühlen zu können, ist damit die Fähigkeit, eine Art inneren Kompass zu gebrauchen, der auch schlicht »Körpergefühl« genannt wird.

Was macht das Hören zu einem Akt der Gesundheit? Die berühmte »innere Stimme« wahrzunehmen, ist ein zutiefst subjektiver Vorgang, der sich weder messen noch objektivieren lässt. Das Hören ins eigene Innere ist ein einsames Unterfangen, bei dem zwar ein anderer Mensch Zeuge sein, aber nicht helfen kann. Jeder hört für sich allein. Wenn Gesundheit mehr ist als die Abwesenheit von Krankheitssymptomen, beginnt Gesundheit in unseren Gedanken, Gefühlen und Träumen. Wie im Kapitel »Denken« angesprochen, sensibilisiert das innere Hören die Fähigkeit zur bewussten Wahrnehmung unserer Gedanken. Und das Körperempfinden meldet sich deutlich anhand unserer Gefühle. Wenn wir also auf uns hören, können wir erkennen, ob etwas nicht stimmt. Manchmal äußert sich dieses innere »Gesundheitssystem« des Körpers über Träume oder symbolträchtige Ereignisse.

2013 bis 2015 spielte ich »live« zu jeder Aufführung von »Platonov« in der Inszenierung von Luk Perceval am Nationaltheater im belgischen Gent. Dabei befand ich mich mit dem Flügel auf einer

Plattform, die sich ganz langsam während der Vorstellung über eine Schiene quer durch den Bühnenraum bewegte. Die Strecke war in großer Höhe mit Scheinwerfern behängt. Diese Konstruktion wurde auch bei zahlreichen Gastspielen immer wieder auf- und abgebaut. Schon zu Beginn der Proben auf der Bühne hatte ich ein mulmiges Gefühl mit all den schweren Lampen genau über meinem Schädel. Bei einem Gastspiel in Oostende verrenkte ich mir während einer Aufführung durch ekstatischen Gebrauch des rechten Pedals das Knie. Im Zuge dessen wurde das Spielen der Vorstellungen beschwerlich, ebenso wie die Reisen zu den Auftrittsorten. Doch die Verletzung verheilte, und ein weiteres Jahr mit Auftritten in den Niederlanden, in Deutschland und Frankreich folgte.

Dann träumte ich von einem Unfall auf der »Platonov«-Bühne mit schweren Verletzungen meiner Hände. Meine Angst war zurück und ich spielte das folgende Jahr mit Unbehagen. Schließlich blieben weitere Anfragen für das Stück aus und ein vermeintlich finales Gastspiel fand in Barcelona statt. Am Abend nach der letzten Vorstellung saßen Schauspieler, Techniker und ich noch zusammen und rätselten über die Zukunft von »Platonov«. Ich erinnerte mich an den Albtraum und hatte plötzlich das Bedürfnis, auszusprechen, dass dies zumindest für mich definitiv die letzte Vorstellung gewesen sei. Doch ich traute mich nicht.

Am nächsten Morgen flog ich zurück nach Berlin, und beim Ausstieg aus dem Flughafenbus knickte ich mit dem linken Fuß so stark um, dass ich mit Verdacht auf Knöchelbruch ins Krankenhaus gebracht werden musste. Glücklicherweise wurde dort lediglich eine starke Verstauchung diagnostiziert, doch mir dämmerte, dass dieser Unfall beim Ausstieg aus dem Bus nicht passiert wäre, wenn ich am Abend zuvor meinen Ausstieg aus der Theaterproduktion verkündet hätte.

Ich war beim Aussteigen umgeknickt, weil ich beim Ausstieg aus der Produktion eingeknickt war. So hörte sich dieser Vorgang jedenfalls für mich an.

Einige Monate später erhielt ich noch einmal eine Anfrage für ein »Platonov«-Gastspiel in Montpellier. Mein Unfall war schon halb vergessen und ich hatte Lust auf Südfrankreich. Ich sagte zu. In der darauffolgenden Nacht träumte ich erneut den Albtraum von der Verletzung meiner Hände und sagte am nächsten Morgen meine Teilnahme am Gastspiel ab.

Den Inszenierungen seiner eigenen Innen- und Außenwelt zuzuhören und deren Informationen zu achten, ist nicht leicht. Es besteht die Gefahr, sich in den Augen und Ohren anderer lächerlich zu machen, denn einen Beweis für die Richtigkeit der eigenen Wahrnehmungen gibt es freilich nicht. Wie anders es gekommen wäre, wenn ich anders gehandelt hätte, werde ich nie erfahren. Leben ist eine Improvisation, wir können es nicht proben.

IMPROVISATION

Nichts ist unbeliebter als die Improvisation, gilt sie doch, obgleich eine Kunst, letztlich als Provisorium. Wie jeder fähige Zahnarzt weiß, hält ein gut gemachtes Provisorium am längsten, doch eine Aussage wie: »Da mussten wir improvisieren« klingt eher nach der Vorgehensweise beim Bau des Berliner Flughafens als nach einem überzeugend ausgeführten Werk. Das Ganze hat einen Beigeschmack von Unseriosität und Vorläufigkeit. »Improvisiert« bedeutet hier »unvollendet« und deshalb außerhalb einer bestimmten Gültigkeit stehend: etwas, das der Komposition als einem vollkommenen Kunst-Stück unterlegen zu sein scheint. Zudem war die musikalische Improvisation in vergangenen Jahrhunderten, vor allem bei Hofe, als artistische Darbietung zur Unterhaltung der Herrschenden und zur Demütigung des Künstlers beliebt, was ihrem Ansehen auch nicht förderlich war.

Der Ursprung des Wortes »improvisieren« legt jedoch noch eine andere Bedeutung nahe, denn lateinisch »providere« heißt »vorhersehen«. Wir betreten also den Bereich der »Vorsehung« und sehen uns nicht vor, sondern wir sehen etwas voraus. Im Moment der Vor-Sehung liegt der zu sehende Teil der Welt noch im Dunkeln und Unsichtbaren, also im Bereich des Hörens.

Und dafür brauchen wir die Improvisation: um die Vorsehung hörbar zu machen.

Denn Improvisieren, so wie ich es verstehe, ist nicht das Erfinden von etwas, sondern das Hörbarmachen von dem, was ist. Das befreit die Improvisation von jeglicher Bewertung. Es gibt keinen Fehler, da das, was ist, eben das ist, was es ist.

Das Vorhergesehene wird während der Improvisation unvorhersehbar.

Das macht es aufregend und wunderbar immun gegen Manipulationen und Vereinnahmungen.

Das Vorhergesehene bleibt frei. Wir wissen nicht, was kommt. Wir lauschen in den unbekannten Raum. Jenseits unserer vermeintlich realen Welt wartet das Unsichtbare auf Entdeckung. Improvisierend setzen wir die Bruchstücke des Gehörten durch unsere Vorstellungskraft zu einem neuen Ganzen zusammen.

Denn was wir *vorhergesehen* haben, haben wir uns *vorgestellt*, und so steht es nun vor uns und wir erkennen: Es war für uns *vorgesehen*!

Der Anthropologe Claude Lévi-Strauss hat diesen Prozess als »wildes Denken« bezeichnet, als eine »phantasievolle Kombination von ›Bruchstücken‹ der sinnlichen Wahrnehmung und vergangener Ereignisse, die mit Hilfe der Einbildungskraft zu konkreten Bildern und Geschichten verarbeitet werden«. Lévi-Strauss bezeichnete dieses improvisierende Vorgehen als Bricolage (»Bastelei«).

Obwohl der Wissenschaftler zu der Überzeugung gelangte, dass es zwischen dem »wilden Denken« archaischer Kulturen und dem modernen Denken der Industriegesellschaften keinen qualitativen Unterschied in der logischen Struktur gibt, habe ich oft erlebt, dass diese Art des (wilden) Denkens und Improvisierens in meinen Performances hierzulande mitunter große Irritationen auslöst. Die assoziative Kombination von Sinneswahrnehmungen der sichtbaren und der unsichtbaren Welt läuft beim Publikum immer dann ins Leere, wenn ihm zuvor nicht eine Anleitung zum Verstehen gegeben wurde. Weil vermutlich sowohl die Kombination von Gegensätzen als auch der Umgang mit Paradoxien und Widersprüchen derart ungeübt ist im zeitgenössischen westlichen Denken, wird Improvisation, die keine Variation eines Themas ist (Jazz) oder sich nicht in klar definierten Kontexten abspielt (Impro-Theater), als »sinnlos« empfunden. Verbindungen, die zuvor nicht *benannt* wurden, werden nicht *erkannt*. Mangelt es an Fantasie im Denken, um Sinn außerhalb von Kausalitäten entdecken zu können? Oder fehlt nur die Erfahrung, dass sich durch einfache, assoziative

Vorgänge komplexe Zustände erreichen lassen? Manchmal gilt es lediglich eine Startphase des Unangenehmen zu überstehen, um zu erkennen, dass einfache Vorgehensweisen keineswegs banal sind.

Ein Ensemble belgischer Schauspielerinnen ist in den Proben mit mir daran verzweifelt, ohne Vorgaben Töne mit der eigenen Stimme zu improvisieren. »That makes no sense«, rief die Hauptdarstellerin in heller Aufregung. Erst nach mehreren Tagen stellte sich eine Veränderung ein: Das pausenlose Bedenken und Bewerten des eigenen Tuns trat in den Hintergrund, und es wurde einfach »gemacht«. Nichts verunsichert zunächst mehr, als etwas *einfach zu tun*. *Einfach machen* ist für viele das Schwerste. *Doch »einfach machen« ist Improvisation.* Jedenfalls für mich.

Das Hören aber auf das, was tatsächlich »ist«, sowohl in Verbindung zu und in Bezug auf Mensch, Zeit, Ort und Raum als auch auf unsichtbar wirkende Kräfte wie Atmosphäre, Stimmung, Historie des Ortes, Wetter, Zusammensetzung der Ausführenden und des Publikums mit ihren individuellen und kollektiven psychischen Mustern, ermöglicht eine Aufführung, die nicht inszeniert, sondern *hervorgebracht* wird, da sie weniger einem Willen als einer dem spezifischen Augenblick innewohnenden Wahrheit folgt. Diese Wahrheit des Moments ist zwar nicht schicksalhaft festlegt, doch grenzen die genannten Faktoren das ein, was stimmig ist. Nicht immer ist alles möglich, vielleicht weil nicht immer alles nötig ist. Und nicht immer ist das, was passiert, unterhaltsam oder angenehm.

*

Oktober 2008, Schauspielhaus Bochum, Kammerspiele. Heute Abend steht meine improvisierte Performance »Hallo Bochum« auf dem Programm. Ich betrete den Saal durch die Sitzreihen der Zuschauenden, weil ich spüren will, was die Menschen bewegt, was sie umtreibt, was sie fühlen. Und ich selbst will herausfinden, wie weit ich gehen kann mit dem Improvisieren als kompromisslosem

Eintauchen in den Augenblick, ohne Sicherheitsnetz. Kein Flügel steht auf der Bühne, nichts ist geplant.

Auf Höhe der letzten Reihe betrete ich den Saal, und in dem Moment, als ich das schwere, erwartungsvolle Schweigen im ungelüfteten Saal der Kammerspiele wahrnehme, schaue ich in das Gesicht eines Dramaturgen, der mich angrinst, als würde ich gleich einen Witz machen, den er schon sehnsüchtig erwartet. Schlagartig wird mir klar, dass das, was heute Abend hier für mich »vorgesehen« ist, mein Waterloo sein wird. Am liebsten würde ich sofort wieder umdrehen und diesen Ort verlassen. Doch ich kann nicht zurück. Zweihundertfünfzig Menschen haben Eintritt bezahlt und erwarten mich. Die Wucht der Erkenntnis ist so stark, dass ich mich entscheide, so viel wie irgend möglich bei meiner Absicht zu bleiben, die Energien dieses Ortes und seiner Menschen sicht- und hörbar zu machen. Wenn ich schon untergehe, dann richtig. Denn nur wenn ich hier mit voller Kraft scheitere, so meine Vermutung, kann ich daraus etwas Wichtiges für mich und meine Arbeit mitnehmen. Und scheitern werde ich, das ist mir mit einem Mal vollkommen klar. Um hier elegant und charmant wieder herauszukommen, fehlen mir die Mittel. Ich bin kein Tänzer und kein Stand-up-Comedian. Ich kann nur wahrhaftig sein.
   Let's go.

Ich spiegelte dem Publikum, was ich von ihm und dem Raum empfing. Dieses eine Mal wollte ich den Einfluss der Zuhörer und Zuschauer auf das Bühnengeschehen deutlich machen, denn viele meinen, mit der Qualität von Aufführungen nichts zu tun zu haben. Ich wollte ihnen ihre Verantwortung zurückgeben, und dafür durfte ich selbst nichts in der Hinterhand haben, was das Schweigen des leeren Bühnenraums, die Leere des Theaters füllen würde.

Und tatsächlich, nachdem nach einer Stunde ungefähr die Hälfte des Publikums den Saal verlassen hat, fangen die verbliebenen Menschen an, mit mir zu spielen. Zunächst aus Mitleid, dann aus einer beginnenden Freude am Spiel. Sie mischen sich ein. Was sich zuvor aus ihren Geschichten, Stimmungen und Energien nur in meiner Performance ausgedrückt hat, wird jetzt zum Teil ihres eigenen Handelns. Sie improvisieren mit mir. Nach einer schmerzhaften Geburt spielen wir miteinander.

Vielleicht war dies ein Anfang für ein gemeinsames Theater, in dem sich Bühne und Zuschauerraum ohne Animationen und Improvisationskonzepte, einfach aus dem Moment heraus, miteinander verbinden. Dieses Experiment wurde zwar im Bochumer Theater nicht fortgeführt, doch einige Jahre später begann ich, improvisierte Performances innerhalb von Ausstellungen bildender Künstlerinnen zu machen. Im Kontext zeitgenössischer Kunst und der in Galerien oder Museen mangels Bühne automatisch sich ergebenden Nähe von Künstler und Publikum hat diese Form der Improvisation einen Platz gefunden und entwickelt sich weiter.

Jedes Gespräch, das wir führen, ist kein Aufsagen von gelerntem Text, sondern entsteht aus dem Moment. Jeder Gedanke ist eine Improvisation des inneren Hörens und jede Begegnung gestaltet sich in jedem Moment anders. Bewusst wird uns das aber oft erst in Krisensituationen, wenn sich neben der Angst eine neue Lebendigkeit einstellt. Von der extremen Variante einer solchen »Krisen-Improvisation« berichtete mir 1999 bei einem Jazzworkshop, den ich gemeinsam mit Kollegen für das Goethe-Institut Sarajevo leitete, ein Zwanzigjähriger. Er erzählte mir, wie er und seine Freunde noch ein paar Monate zuvor jeden Tag ums Überleben gekämpft hatten, indem sie nach Wegen suchten, den Scharfschützen zu entgehen, die von den Hügeln aus auf alles schossen, was sich auf den Straßen bewegte. Da sie die Mörder nicht sehen konnten, mussten sie darauf hören, aus welcher Richtung die Schüsse kamen. »Man musste einfach hellwach sein«, sagte er, »um nicht zu sterben.« Seinem Instinkt folgen und Glück haben. Der Weg durch die Straßen konnte nur improvisierend und hörend gefunden werden. Neben dem Horror sei diese Zeit für ihn aufregend und extrem lebendig gewesen, so erzählte er. Jetzt, nach dem Krieg, langweile er sich oft.

Nach seinem Bericht schwiegen wir lange. Später ging ich durch die nun friedlichen Straßen der Stadt und versuchte mir die Situation, in der sich der junge Mann befunden hatte, vorzustellen. Es gelang mir nicht. Zuerst schämte ich mich für mein privilegiertes Leben, in dem ich zumindest im Jahre 1999 Frieden innerhalb meiner Lebensumstände für eine Selbstverständlichkeit hielt. Verändern Einschusslöcher – die hier überall noch zu sehen waren – den Sound einer Stadt? Mit einem Mal fühlte ich mich entsetzlich dumm und hilflos. Was brachte das überhaupt, über solche Dinge nachzusinnen?

Am Abend, während unseres Konzertes beim Jazzfestival, überwältigte mich die Bereitschaft des sehr jungen Publikums, uns zuzuhören. Die Menschen rissen mich aus meiner Schwermut. Denn der Sound dieser Zuschauerinnen in Sarajevo, den sie mit ihren Stimmen und Händen kreierten, war geprägt von einer Wildheit und Lebenskraft, die mich so begeisterten, dass ich mich fragte, ob Applaus, Jubel und Hingabe nicht auch die Schwingungen eines Ortes verändern können. Wenn das Grauen in den Wänden gespeichert war, warum dann nicht auch die pure Lebensfreude?

Auf meinem Weg durch die Stadt am Morgen nach dem Konzert versuchte ich zu hören, ob diese Straßen nach alledem, was dort geschehen war, nun eine andere Akustik besäßen als vor dem Krieg.

ORTE

Jeder Ort hat seinen Sound, jede Halle ihre Akustik, aber auch jede Stadt besitzt einen Grundton, der nicht nur anhand der verschiedenen Geräusche, sondern durch die Verbindung von Luft, Geologie und Mensch entsteht. Berlin hat zum Beispiel diese spezifische Akustik, die sich aus dem offenen Geist der Stadt, der Vielfalt der dort lebenden Menschen, dem Zusammenspiel von neuer und alter Architektur, aber auch dem ehemals sumpfigen Standort inmitten des märkischen Sandes zusammensetzt. Sand klingt stumpf, Lehmboden hingegen deutlich weicher. Schiefergestein, wie man es oft an Weinbergen findet, hat einen kernigeren, schärferen Sound, während Lössboden (Nähe Freiburg im Breisgau) durchlässig und samtig klingt.

Die Akustik von modernen Event- und Konzerthallen empfinde ich oft als spitz, eckig und stumpf, vor allem wenn viel Metall und Beton verbaut wurde. Der mit Holz verkleidete Sendesaal des WDR in Köln wiederum zeichnet sich durch seinen warmen, anschmiegsam tragenden Ton aus. Nicht zufällig werden dort wunderbare Aufnahmen gemacht, denn die Akustik dieses Ortes nimmt die erzeugten Klänge tatsächlich auf und trägt sie weiter. Als Musiker fühle ich mich von diesem Saal nicht nur aufgenommen, sondern auch getragen.

Der Sound einer großen Kathedrale wiederum ist nicht nur überaus hallig, sodass nacheinander erklingende Töne wieder miteinander verschmelzen können; es ist auch die Feuchtigkeit, die, in den Steinen gespeichert und durch den Atem der Menschen und den Regen immer wieder erneuert, für einen tiefen, dunklen Klang sorgt. Viel mehr als die alltäglichen Geräusche aus der Umgebung prägt das sichtbare und unsichtbare Material den Ort. Die Akustik wird anhand der Materie zum Raum des Geistes und beeinflusst damit auch den Geist des Raumes, der sich wiederum in den inneren und äußeren Haltungen der Menschen äußert, die ihn betreten. Material und Form der Gebäude spiegeln den Geist der Erbauer wider. Und dieser Geist zieht bestimmte Klänge an, während er andere ausschließt. Unterschiedlich klingende Kulturen entstanden durch unterschiedliche Landschaften. Der mongolische Obertongesang braucht die Weite der Steppe, aber auch das vom Wind bewegte Gras. Die in sich gekehrten Klänge der Gregorianik benötigten dunkle Innenräume, die den menschlichen Körper nahezu unsichtbar machten, aber die männliche Kopfstimme fliegen ließen. Musik und Sprache des Menschen wurden geprägt durch die Orte und ihre Akustik. Ein besonders geheimnisvolles Beispiel dafür sind die berühmten Songlines der Aborigines. Der Mensch wird durch die von ihm erzeugten Laute, die aus seinem Abhören der Landschaft hervorgehen, ein Bestandteil des Ortes. Er ist dessen klanglicher Ausdruck, der daran erinnert, was wir sind: Erde. Ein und derselbe Körper.

Komme ich heute an mir unbekannte Orte, bemerke ich mein Wohlbefinden daran, ob ich mich selbst in diesen Räumen (egal ob geschlossene Innen- oder offene Außenräume) gut hören kann. Folgende Fragen stelle ich mir dann:

Bin ich vollkommen aufmerksam?
Habe ich Zugang zu meinem Körpergefühl?
Kann ich die Geräusche meiner Bewegungen hören?
Höre ich meine Stimme im Raum anstrengungslos?
Kann ich anderen Menschen gut zuhören?

Fällt mir das alles schwer, »fremdeln« meine Ohren entweder mit dem mich umgebenden akustischen Material oder aber der Genius Loci ist mitteilsam und weist mich auf etwas hin, was gehört werden will. Dieser Geist kommuniziert auf Kanälen, die zwar meinen Ohren nicht zugänglich, doch trotzdem innerlich hörbar sind. Es sind Frequenzbänder, die, vergleichbar mit dem Licht, von anderen Sinnesorganen als den Ohren wahrgenommen und doch gehört werden können. Auch Hunde können ja noch hören, was Menschen über die Ohren nicht mehr erreicht, und sie spüren sofort, welcher Ort in einem Haus ein guter Platz für sie ist. Ein Wanderer, der oft im Wald übernachtet, hat mir davon berichtet, dass bei der Schlafplatzsuche sein Gehirn wie ausgeschaltet ist und der Körper die Führung übernimmt und ihn an die für die Nacht genau passende Stelle im Wald führt. Orte aktivieren also den instinktiven Teil körperlicher Wahrnehmung. Den Begriff »Ortsfrequenz« leihe ich mir aus der Physik aus, obwohl er streng inhaltlich andere Phänomene beschreibt. Egal. Vom Wortlaut her drückt er sehr passend den vom realen, sichtbaren Geschehen unabhängigen Gehalt aus, der dem Ort innewohnt.

Starke Ortsfrequenzen lenken mich vom akustischen Hören ab, mitunter so sehr, dass ich mich auf nichts anderes mehr konzentrieren kann, bis der emotionale Gehalt der Information entschlüsselt ist. Orte haben ihre eigene Logik, die dem Verstand vollkommen absurd erscheinen kann.

Je tiefer das Vertrauen in die eigene, subjektive Wahrnehmung ist, desto klarer wird, was zu tun ist, um einen Ort zu öffnen oder im besten Falle zu wandeln.

Entscheidend ist, sich von den rationalen Zweifeln (die es immer gibt) nicht von seiner Intuition abbringen zu lassen. Bis zu dieser bewussten Auseinandersetzung mit der Ortsfrequenz bin ich selbst oft zum Spielball meiner Resonanz geworden.

Im Teenageralter habe ich einmal gemeinsam mit Freunden den unwiderstehlichen Impuls verspürt, in einem französischen Ferienhaus mit Gläsern und Tellern um mich zu werfen. Es war ein Rausch der Zerstörung, der erst endete, nachdem Glassplitter im Bett eines der Schlafzimmer gelandet waren und uns bewusst wurde, was wir da taten. Sicher waren Spannungen in der Gruppe die entscheidende Voraussetzung für unsere Resonanz, also das Mitschwingen mit dem, was an dem Ort gespeichert war. Doch nie zuvor und nie wieder danach gab es eine derartige Gewaltorgie, und ich frage mich bis heute, was uns da in diesem Haus eigentlich »geritten« hat. Wir selbst waren zum Spukphänomen geworden.

Jahre später hatte ich allein während meines Studiums in Hamburg einen ähnlichen, einmaligen Impuls in meiner Küche. Das Tohuwabohu meines »Polterabends« brachte mich schließlich zur Besinnung und ich stand fassungslos und verängstigt vor dem von mir selbst angerichteten Scherbenhaufen. Weitere Jahre vergingen, bis ich dieses Phänomen begreifen konnte. Ganz unbewusst und zufällig war ich kurz zuvor in Zeiten der Wohnungsnot Anfang der 90er-Jahre in eine Straße des Hamburger Stadtteils Hamm gezogen, die nur zwei Fußminuten von dem Ort entfernt lag, an dem meine Urgroßeltern und -tanten im Hamburger »Feuersturm« von 1943 gestorben waren.

Nun zwei Beispiele, wie das Hören auf den Ort dazu beitragen kann, dort Platz nehmen zu können. Der Genius Loci ist zwar machtvoll, aber wandelbar, wenn ihm Gehör geschenkt wird.

Meine Frau und ich sind eingeladen, im Schwarzwald in einem Ferienhaus einer befreundeten Familie Urlaub zu machen. Das Haus ist einige Hundert Jahre alt, liegt in einem Dorf direkt an der Grenze zum Grundstück der Dorfkirche. In der ersten Nacht ist an Schlaf nicht zu denken. Also setze ich mich ins Wohnzimmer des Hauses, und sofort meldet sich der verstorbene Vater unseres Gastgebers. Diese Präsenz empfinde ich als bedrohlich und bedrückend, und ich spüre, dass er uns nicht in seinem früheren Haus haben will. Ich frage ihn, was ihn an uns stört, und er antwortet, dass wir uns aus den »alten Dingen« heraushalten sollen. Dabei fällt mir ein, wie ich am Tag zuvor das über eine Außentreppe zu erreichende Atelier in Augenschein nehmen wollte, da sich dort das Klavier des Hauses befindet. In dem Moment, als ich die Tür öffnete, sprang mich etwas Unsichtbares an, das in mir sofort große Angst und ein körperliches Unwohlsein, ähnlich dem von Gliederschmerzen bei Fieber, auslöste. Ich wusste, dass es mir ganz und gar nicht bekommen würde, diesen Raum näher zu inspizieren, und verließ nahezu panisch das Atelier.

Im »Gespräch« mit dem alten Hausherrn wird mir klar, dass an diesem Ort und in diesem Haus über etwas gewacht wird, das nicht ans Tageslicht kommen soll.
Mich als medialen Pianisten im Haus zu haben, birgt die Gefahr, dass ich mit den Geheimnissen des Hauses über die Kommunikation mit den sie umgebenden feinstofflichen Energien beim Klavierspielen in Kontakt kommen könnte. Die Energien sind so stark, zornig und bedrohlich, dass ich spüre, nicht mit ihnen und schon gar nicht gegen sie hier etwas ausrichten zu können. So verspreche ich dem unsichtbaren Hausherrn, dass ich das Atelier nicht mehr betreten werde, und bitte ihn darum, in unseren Ferientagen mit meiner Frau aber Haus und Garten in Ruhe bewohnen zu dürfen, schließlich hätten wir von seinem Sohn die Erlaubnis dazu bekommen und wären nun einmal hier. Ungern willigt er ein. Nachdem diese Vereinbarung getroffen ist, können wir noch mehrere Tage bleiben und finden auch etwas Schlaf in den Nächten, doch ein entspanntes Vergnügen wird der Aufenthalt dort nicht mehr. Wir reisen vor der geplanten Zeit ab.

Ein anderes Mal verbrachten meine Frau und ich eine Ferienwoche in einem etwa zweihundert Jahre alten Bauernhaus in den italienischen Marken. Kaum dort angekommen, wurde ich krank. Eine Sommergrippe nahm mich zum ersten Mal in meinem Leben in Beschlag. Buongiorno, Ortsfrequenz!

Draußen vierzig Grad im Schatten und in mir kocht das Wasser über. Mit Gliederschmerzen schleppe ich mich wandernd längs der Getreidefelder in der Umgebung, weil ich nicht wahrhaben will, was offensichtlich ist. Ich soll mich mit den Energien des Hauses, der Umgebung und mit dem vermutlichen Schicksal der Bauernfamilie, die hier einmal gelebt hat, befassen. Nach zwei Tagen gebe ich auf und lege mich ins Bett. In der Nacht habe ich das Gefühl, nun vom Leben und meiner Frau Abschied nehmen zu müssen. Ich habe wirklich Angst, sterben zu müssen, bin aber zugleich in einen Zustand der Lethargie und Annahme eingetreten. Am nächsten Morgen wache ich nach wenigen Stunden Schlaf auf und weiß plötzlich, was zu tun ist. Dieses Mal spricht niemand zu mir, sondern mir scheint, als würden mir Haus und Ort direkt die notwendigen Informationen mitteilen. Ich erhalte den Auftrag, ein Ritual in dem Schlafzimmer abzuhalten, in dem, so meine Vermutung später, der Bauer damals gestorben ist. Anschließend lege ich mich aufs Bett und schlafe ein. Als ich wieder erwache, sind meine Gliederschmerzen und mein Fieber verschwunden. Just in der Zeit meines Heil-Nickerchens hat meine Frau für mich ein Gebet gesprochen und um meine Gesundung gebeten. Am nächsten Tag brechen wir auf zu einer kleinen Stadt am Meer. Meine Grippe ist verflogen und ich fühle mich, als sei ich gar nicht krank gewesen.

Rituale, die aus der Kommunikation mit dem Ort entstehen, sind improvisiert. Sie werden im Moment durch die örtliche Dynamik geboren. Andersherum lebt jede Art von künstlerischer Improvisation und Intervention, die nicht zum Zwecke der »Raumreinigung« veranstaltet wird, maßgeblich von dem Platz, an dem sie stattfindet. Die entscheidende Frage lautet: Lässt der Raum genug Platz für Vorgänge, die sich nicht unmittelbar auf den Ort beziehen? Anders gesagt: Handelt es sich um einen offenen Raum? Es ist möglich, auf engstem Raum zu improvisieren; damit kann ein winziger Saal oder Bühnenraum, aber auch die geistige Enge künstlerischer (Improvisations-)Konzepte gemeint sein. Auf physisch kleinstem Raum verkleinert sich die körperliche Bewegung, sie wird wie durch eine Lupe betrachtet und kann so sehr feine Handlungen ermöglichen. Jazzmusiker, die den Bebop erfanden, entwickelten auf den begrenzten vertikalen Akkordräumen von Musicalsongs immer schnellere und komplexere horizontale Wendungen.

Die Harmonien jedenfalls konnten nur durch Geschwindigkeit erweitert werden. Folgerichtig löste sich in den Sechzigerjahren des letzten Jahrhunderts die Funktionsharmonik zunächst in das modale Spiel (Skalen statt Akkorde, Modi statt Harmoniewechsel) und letztlich in den Free Jazz auf, der keine Harmoniebeschränkungen mehr kennt, sondern sich aus dem gesamten chromatischen und auch einem um Vierteltöne und Geräusche erweiterten Tonvorrat bedient. Die Harmonik explodierte, sicher nicht zufällig parallel zur Sprengung der Ketten gesellschaftlicher Zwänge und Beschränkungen. Materielle und geistige Ortsfrequenzen kollidierten mit dem Zeitgeist, und dieser Energieschub veränderte auch das Hören.

JAZZ

Jazz zu hören, ist für mich befreiend und berührend, wenn er aus einer Art spiritueller Wunde heraus entsteht. Solche Musik hat die Kraft, mir etwas über die gespielten Töne hinaus zu erzählen.

Der Saxofonist John Coltrane war ein Suchender, der sich ganz darin verlor, das große Ganze, den Kosmos in Klang ausdrücken zu wollen. Durch ihn floss in sein Instrument eine im Wortsinne unfassbare Energie, der er sich öffnete, und je näher er dabei in ihr Zentrum vorstieß, desto mehr Ablehnung und Unverständnis erfuhr er. In einem seiner letzten Konzerte setzte er auf dem Höhepunkt seiner Improvisation sein Saxofon von den Lippen und begann zu singen. Vielleicht konnte das Saxofon der Energie nicht mehr standhalten, und er, der größte Virtuose dieses Instrumentes, kehrte an den Ursprung der menschlichen Ausdruckskraft zurück: zu seiner eigenen Stimme.

Heute und hierzulande spielt diese spirituelle Komponente im Jazz selten eine Rolle.
Wer sich zu weit hinauswagt in Richtung Intensität, Ekstase und Entrückung, wird eher belächelt oder ignoriert. Ohnehin bleibt man im Jazz (wie im Theater übrigens auch) ganz gerne unter sich und liebt es, stets aufs Neue darüber zu debattieren, was Jazz ist oder nicht. Die tendenziell hermetische Verschlossenheit dieses Milieus führt zu skurrilen Begegnungen und beschert uns unterhaltsame Anekdoten:

Ein grauer Nachmittag im Ruhrgebiet. Die leicht nervöse Kulturamtsleiterin der kleinen Stadt will mich mit einem schwer angesagten Kontrabassisten der hiesigen Jazzszene bekannt machen. Ein junger Mann, tatsächlich mit Baskenmütze, taucht aus dem Halbdunkel des Kulturzentrums auf. »Hallo«, sage ich. »Hey Man«, flüstert er. Die Amtsleiterin stellt mich aufgeregt vor: »Und das ist Jazz Thomas.« – Eisiges Schweigen.

Bei einer Plattenaufnahme in einem Berliner Tonstudio. Ein Produzent aus Japan ist anwesend, der nur rudimentär Englisch spricht. Nachdem die Band eine erste Aufnahme gemacht hat, warten die Musikerinnen aufgeregt auf den Kommentar aus dem Kontrollraum, mit dem sie über Kopfhörer verbunden sind. Zunächst vernehmen sie schweres Ausatmen. Dann meldet sich der japanische Jazzexperte mit den Worten: »Please play much better!«

Samstagabend. Ein Jazzclub in einem Schweizer Hotel. In den abgewetzten Ledersitzen des nach Bier, Milbenkot und bis zum Bauchnabel hochgezogenen Bundfaltenhosen müffelnden Clubs verliert sich eine Handvoll Zuhörer. Die in die Jahre gekommene, schwergewichtige und entsprechend schlecht gelaunte Trompetenlegende quält sich ächzend von der Bar über diffus beleuchtete Stufen hin zur Bühne und stößt dabei zwei Biergläser im Publikum um. Ungerührt hievt er sich mit einem Grunzen auf das Podium und raunt ins Mikrofon: »After all these years, it's like coming home.«

Ein großes Jazzfestival in einer noch größeren Stadt. Der künstlerische Leiter, euphorisiert von sieben Rotweinen, wankt durch das Publikum. Durch seine John-Lennon-Sonnenbrille erblickt er in der Menge eine berühmte Musikerin, die ihren Auftritt bereits hinter sich hat. »Hey Baby«, haucht er. »Do you want a penis?« »Why«, erwidert sie. »Do you have one?«

NOTEN

»Fis!«, ruft mein Klavierlehrer plötzlich. »Linke Hand Fis!« Und wenig später: »Zählen, Jens, zählen.« Davon habe ich schon gehört, doch in diesem Moment wird mir klar, dass ich gar nicht weiß, was damit gemeint ist. Was soll ich denn um Himmels Willen zählen? Die Noten? Würde ich das Stück besser bewältigen, wenn ich die bloße Anzahl erfasste? Ich fließe weiter durch die zweistimmige Invention von Bach, den ich abgrundtief hasse mit seiner spröden, nie endenden Orgelei. »Eins, zwei, drei, vier!«, schreit er wieder, nun schon ziemlich außer sich. Als ich seinen Atem aus Kaffee- und Zigarettendunst bemerke, weiß ich, dass es jetzt soweit ist. In diesem Moment quetscht er sich auch schon neben mich auf den Klavierhocker. Verwesungsgeruch aushauchend, stößt er mit seinem Bleistiftstummel durch die Luft, knapp an meiner Wange vorbei, und umkreist treffsicher im Notentext den Takt meiner Verfehlung. Und dann wird aus der Bach'schen Invention eine Tafelzeichnung von Joseph Beuys. Der von seiner Pianistenpranke geführte Bleistift krakelt Zahlen in die Noten. »Eins, zwei, drei, vier« steht nun da, doch durch das kreative Ungestüm seiner Schrift kann ich den exakten Ort der Zahlen dem Notentext nicht zuordnen. Und so ruft er fassungslos: »Sechzehntel, Jens, Mensch, Sechzehntel! DU MUSST ZÄHLEN!« Da schlägt die Marktkirche drei Mal, ich zähle mit! Das Zeichen meiner Erlösung: Viertel vor sechs, Klavierstunde zu Ende! Noch ein Kringel mit Datum auf die zweite Seite geschmiert, und dann steht er auf, tief seufzend und in Richtung Schreibtisch wankend.

Schweigend ich ihm zugewandt, roter Kopf, er in die Inschrift meines Oktavheftchens vertieft. Dann ein Blick von ihm, Brille abnehmen, Blick wieder senken, Taschentuch, erst die Stirn trocknen, dann die Brille putzen, mich wieder anblicken, müde lächeln und sagen: »Jens, Du musst das ja nicht beruflich machen. Es ist doch auch ein schönes Hobby, nicht wahr?«

Einige Jahre später habe ich keinen Klassikunterricht mehr, sondern spiele in meiner ersten Band und habe begonnen, Jazzunterricht zu nehmen. Die ersten Wochen klatschen wir nur Rhythmen zum Metronom. Plötzlich sehe und verstehe ich Viertel, Achtel, Sechzehntel. Eines Tages geht mir die Melodie eines Stückes durch den Kopf, das ich mir für die Band ausgedacht habe. Bisher lernen wir die Songs immer durch Vorspielen, Hören und Nachspielen.

An diesem Nachmittag aber, als ich zum Metronom klatsche und zugleich die Melodie des Stückes im Kopf habe, macht es »klick«. Ich hole mir Papier, zeichne Notenlinien darauf, und plötzlich begreife ich, wie die vier Sechzehntel in der ganzen Note zu Hause sind. Ich singe zum Metronom und erkenne die Notenwerte, den Rhythmus und kann meine Melodie in Notenschrift zu Papier bringen. Nach dreizehn Jahren Musikunterricht habe ich endlich Notenlesen gelernt, weil ich unbedingt mein eigenes Stück aufschreiben wollte. Es verbindet sich ein für mich bis dahin abstraktes, unbegreifliches System mit einer konkreten Idee, und plötzlich ist alles sonnenklar.

Wieso hatte ich das nicht schon längst begriffen? Eine Tür öffnet sich, ich kann nun komponieren. Und mir endlich Stücke nach Noten selbst erarbeiten. Was hatte ich all die Jahre zuvor nur gemacht, warum nie gefragt, und weshalb hatte mein Klavierlehrer meinen Irrtum nie bemerkt, sondern immer geglaubt, ich sei nur zu faul zum Zählen?

NICHTS

In den Achtzigerjahren veröffentlichte die deutsche Band »Nichts« auf ihrer ersten Langspielplatte das Stück »Nichts«. Tatsächlich ist am Ende der zweiten LP-Seite 51 Sekunden lang nichts zu hören.

Mit zwölf Jahren entdecke ich die Platte im Zimmer meines sechs Jahre älteren Bruders. Eigentlich hört der eher Heavy Metal und Hardrock. Doch trotzdem hat die NDW-Band »Nichts« Zugang in seine Plattensammlung gefunden. Ich lege die Scheibe auf, als er nicht zu Hause ist. An die Musik kann ich mich nicht mehr erinnern, aber dass eine Band ein Stück mit dem Titel »Nichts« herausbrachte, hatte mein Interesse geweckt. Es passt zu dem langweiligen Nachmittag zu Hause, nichts los, keiner da und drumherum der Matsch der Einfamilienhaussiedlung. Bestimmt regnet es. Ich lege also die Nadel des Plattenspielers in die entsprechende Rille der LP und höre: nichts. Was nicht stimmt. Denn da ist ja das Knistern und Rauschen des Staubs, durch den sich die Diamantnadel fräst. Natürlich war ich zu faul gewesen, den LP-Staubwedel zu benutzen.

Ich höre den Song »Nichts« bis zu dessen Ende, welches eindeutig durch das Heben des Tonarmes nach der Auslaufrille gekennzeichnet wird. Ich kann es kaum glauben: eine Platte mit 51 Sekunden Nichts. Nichts zu hören, kenne ich bis dahin nur als Folge des Drückens meiner Hände auf beide Ohren.

Dann verstummt die Welt drumherum und ich höre nur das beunruhigende Rauschen in meinem Kopf. So als wäre ich unter Wasser, was ich im Schwimmbad zu vermeiden versuche, indem ich versuche, das Schwimmbad zu meiden. Der Luftabschluss drückt auf meine Ohren und ich habe dadurch das Gefühl, keine Luft mehr zu bekommen. Dafür muss ich also nicht ins Chlorwasser. Beim Hören des Liedes »Nichts« ist es ähnlich. Doch die Erwartung, dass da doch jetzt was kommen muss, ist so groß, dass ich wie in einem

Traum das Gefühl habe, ins Leere zu treten und zu fallen. Lieber aufwachen vor dem Aufprall, lieber ausmachen vor der Auslaufrille, die ich ebenso als unangenehm empfinde. Eine Platte zu Ende, die Stimmung verflogen, wieder allein, wieder Stille, aber keine schöne, sondern eine, die aus Nichts besteht. Der unhörbare Song ängstigt mich, ich fühle mich auf einmal selbst so sehr, wie ich es nicht will.

Wie kommt eine Band dazu, einer solchen Leerstelle Raum zu geben?
Während der ersten zwanzig Sekunden des Songs denke ich, die warten nur, lassen einen zappeln, nur um dann richtig loszukrachen. Aber nichts geschieht. Dieses Nichts tut weh und macht mich wütend. Irgendetwas steckt dahinter, muss doch dahinterstecken, wer traut sich denn sowas ohne Hintergedanken? Doch auf dem Cover entdecke ich nichts. »Made in Eile«, heißt das Album, und das erklärt natürlich schon etwas.

Nachdem ich die Platte wieder in den Schrank gestellt habe, versuche ich mir, wie des Öfteren mit zwölf Jahren, vorzustellen, wie es wohl so sei, wenn man gestorben ist. Ein Schuss fällt, peng, und du bist weg. Ich schmeiße mich zu Boden, röchele und schließe die Augen. Dann die Luft anhalten. Jetzt versuche ich mir den Tod vorzustellen. Alles schwarz, nichts mehr da. Und je länger ich bei dem Versuch dieser Vorstellung bleibe, desto näher komme ich einem merkwürdigen Punkt. Mir ist, als sei ich tatsächlich kurz davor, kurz vor dem Nichts. Denn dass da nichts mehr kommt nach dem Leben, erzählen um mich herum alle. Wenn sie denn was erzählen. Und weil ich vor lauter Scham, Feingefühl und Angst über den Tod keinerlei Auskunft verlange, erhalte ich auch keine Informationen, was die Erwachsenen wirklich darüber denken oder wissen. Obwohl seit meiner Geburt fast alle Großeltern gestorben sind und obwohl ich selbst eigentlich nie so recht traurig bin, wenn einer stirbt, weiß ich doch, dass die Erwachsenen den Tod fürchten. Vor allem die Überbringung der Nachricht am Telefon. Was bei mir dazu führt, mich zu freuen, wenn keiner anruft, und sofort aufs Klo zu rennen, wenn doch mal das Telefon klingelt. Doch auch dieses Mal, nach dem Hören des Songs, *erreiche ich das Nichts nicht. Kurz vor dem Begreifen oder vielmehr der Ahnung, es gleich fühlen zu können, schrecke ich zurück, so wie im Traum: lieber schnell aufwachen.* Und wieder einatmen.

Was mich bei meinen Versuchen irritierte, war, dass ich das Nichts weder herstellen noch entdecken konnte. Egal was ich tat, wo ich war, irgendwas war immer da. Beim Hände-auf-die-Ohren-Pressen hörte ich ja auch nicht nichts, sondern eben das Blut rauschen. Im Schlaf gab es die Träume, und nichts hören ging auch nicht, weil ja die Ohren immer geöffnet blieben. Etwas blieb immer vorhanden, nur Oma und Opa waren dann doch weg. Die waren tatsächlich verschwunden. Doch die Fotos blieben, die Klamotten, bis auch die weg waren. Die Klamotten und Möbel verkauft, die Fotos in Alben in Kisten auf dem Dachboden oder im Keller, *wollt ihr was davon haben, sonst schmeißen wir die weg.* Doch selbst dann, nach dem Wegschmeißen, blieb was übrig. Das wusste ich, weil mein Vater Chef der Müllabfuhr war und ich oft genug auf Mülldeponien herumspazierte. Da lag dann das ganze vergammelte Zeug, flog durch die Gegend, Bagger pressten alles in die Erde, und doch sah man immer noch etwas. Nur das Nichts sah und hörte ich nie. Gab es das Nichts am Ende gar nicht?

Ein paar Jahrzehnte später schreibe ich über das Hören und weiß glücklicherweise nicht, wie es ist, nichts (mehr) zu hören. Auch ein tauber Mensch wird es mir nicht sagen können. Wie soll man etwas beschreiben, was nicht ist?

Ich will es auch gar nicht wissen. Es sei viel schlimmer, das Gehör zu verlieren, als das Sehvermögen, sagte unlängst eine Malerin zu mir. Ungläubig fragte ich sie, wie sie denn auf das Sehen würde verzichten können, was ja mit dem Verlust der Arbeit und der Farben einhergehen würde. Das Hören sei ihr viel kostbarer, sagte sie. Keine Musik mehr hören zu können, wäre ebenso unerträglich in ihrer Vorstellung wie das Ausgeschlossensein bei Gesprächen.

Jetzt setze ich meine Noise-Cancelling-Kopfhörer ab. Ich atme auf. Ich höre.

RESONANZ

Ich sitze auf meinem Stuhl und schließe die Augen. Ich höre. Nach einer Weile konzentriere ich mich auf meine Stimme, fühle sie, befrage sie spürend. Ein erster Klang entsteht in meinem Mund.
  Ich atme ein und aus und höre dabei den Klang meines Atemwindes. Ich seufze und höre diesen Klang in meiner Kehle, zugleich fühle ich die Schwingung in meiner Nase, die vibriert, ganz leicht.
  Ich konzentriere mich mehr auf die Nase und verändere den Klang meiner Stimme so, dass der Nasenrücken stärker vibriert. Mir gefällt das. Ich verändere die Klänge weiter, bewege meine Lippen, meinen Kiefer, ohne mir eine Handlung bewusst vorzunehmen. Jetzt fühle ich einen angenehmen Druck in meinem Oberkiefer. Dieser Druck ist weniger Druck als Präsenz, denn der Klang lässt mich meinen Oberkiefer deutlich spüren. Im Gegensatz zum Schmerz, der eher verengt und die Wahrnehmung auf einen Punkt fokussiert, ist diese Verdeutlichung eines Körperteils ein lebendiges und offenes Ereignis, das sich nicht nur auf eine bestimmte Stelle konzentriert. Es scheint mir, als würde die von meiner Stimme ausgelöste Frequenz den gesamten Oberkiefer anregen. Mein Kiefer schwingt mit meiner Stimme, die einen Raum gefunden hat, in dem sie willkommen ist.

Resonanz setzt also die Bereitschaft zum Mitmachen voraus. Resonanz ist eine Einladung. Doch was ich mir einlade, entscheidet über die jeweiligen Auswirkungen auf meinen Klangkörper. Was auch immer ich willkommen heiße, es verändert meinen Schwingungszustand. Andere Frequenzen beeinflussen den Ist-Zustand. Voraussetzung ist die Fähigkeit und Bereitschaft zum Mitschwingen. Vielleicht sind Können und Wollen identisch, denn ohne die Bereitschaft, also ohne das Wollen, erwächst kein Können. Zwischen diesen beiden wohnt das Müssen, denn bestimmte Frequenzen erzeugen Resonanzen im Körper, die ich bewusst nicht verhindern kann, da mein Körper mit seinen räumlichen Gesetzmäßigkeiten eben keine Wahl hat und mitschwingen muss. Ein schönes Beispiel dafür ist das Singen in das Schallloch einer akustischen Gitarre. Singe ich beispielsweise ein »A«, schwingt die leere A-Saite des Instruments mit. Sobald mein Singen endet, kann ich den weiter schwingenden Ton der Gitarre hören, obwohl ich diese zuvor weder berührt noch angeschlagen habe. Die Saite ist zum Mitschwingen »verurteilt«, da ihre Eigenfrequenz durch meinen gesungenen Ton angeregt wurde. Das gleiche Phänomen entsteht beim Singen eines beliebigen Tons in einen geöffneten Flügel. Voraussetzung dafür ist, dass das Haltepedal während des Singens und auch danach heruntergedrückt ist. Die nicht mehr von den Hammerfilzen abgedämpften Saiten schwingen durch den gesungenen Ton mit. Da das Klavier alle zwölf Töne der chromatischen Tonleiter über mehrere Oktaven zur Verfügung stellt, findet sich immer ein Ton, der mit der gesungenen Frequenz resoniert.

Wie Töne ein Musikinstrument in Schwingung versetzen, erzeugen Menschen ineinander gegenseitig Mitschwingungsvorgänge. Ein solches Resonanzphänomen ist die Veränderung einer Körperhaltung während eines Gesprächs.
  Zum einen geht der eigene Körper in Resonanz mit unserer inneren Haltung unserer Gesprächspartnerin gegenüber, zum anderen findet das Vermögen der Einfühlung in den emotionalen Zustand eines anderen Menschen oft seinen Ausdruck in der Annahme der jeweiligen Körperhaltung des Gegenübers. Dieses Phänomen ist auch in Gruppen zu beobachten, wenn die Zuhörer einer Vortragenden die volle Aufmerksamkeit schenken und mit der Rednerin mitschwingen. Ist also die Resonanz in uns mit dem, was wir hören, ungedämpft und ungefiltert, zeigt sich dies in unserem Körper. Besonders offensichtlich wird das natürlich beim Hören von Musik, die »in die Beine geht«. Wir können nicht mehr stillsitzen, wir bewegen uns mit.
  Sind wir von Ablehnung und Widerstand in Bezug auf das, was uns angeboten wird, erfüllt, dämpfen wir den Mitschwingungsvorgang ab. Dies zeigt sich ebenfalls in der Körpersprache. Sind wir

daran interessiert, die Kontrolle in unserem Ausdruck zu bewahren, filtern wir die Schwingungen. Wir hören nur auf einer bestimmten Ebene zu (zum Beispiel mehr mental als emotional), und dementsprechend werden die Schwingungen nicht mehr im ganzen Körper resonieren. Kinder haben noch wenig Möglichkeiten zum Filtern, weshalb sie sich zwar ganz und gar auf etwas einschwingen können, aber somit auch leicht zu beeinflussen sind.

Ein besonderer Resonanzträger sind unsere Vor- und Nachnamen. Sie schaffen Grundbedingungen für den Namensträger. In meinen Stimm-Seminaren, die ich zwischen 2008 und 2019 gegeben habe, löste das schlichte wiederholte Aussprechen des eigenen Vornamens vor einer Gruppe (mit dem Fokus allein auf den eigenen Stimm- und Namensklang im Raum) neben Heiterkeit oft auch Betroffenheit aus.

Es war spürbar, ob ein Name für die jeweilige Person »stimmte« und ob diese mit der Namenswahl im Einklang war. Zudem tauchte bei allen Teilnehmenden mit der einfachen Aussprache des eigenen Namens eine Art Grundklang ihrer bisherigen Lebensgeschichte auf, denn der Name prägt uns von Anfang an, und sein Klang ist mehr als nur eine Momentaufnahme einer aktuellen Stimmung. Nirgends sonst ist die eigene Stimme so sehr Thermometer für das Maß an Wärme, das der Mensch sich selbst entgegenbringt.

Unser aktives und bewusstes Hören beeinflusst unser Resonanzvermögen, doch sind wir gegen manche Frequenzen machtlos. Mit dem Sound der Bohrmaschine des Nachbarn nachts um halb drei ist kein Schlaf zu finden und das Wummern eines Techno-Basses schränkt unser Konzentrationsvermögen auf diese Frequenz ein. Und in manchen Momenten scheinen wir sogar kollektiv zum Mitschwingen »verurteilt« zu sein:

Sommer 2006 in Berlin. Ein lauer, heller Abend im Juni. Im Garten der ehemaligen mongolischen Botschaft in Pankow wird auf mehreren Fernsehern das zweite Vorrundenspiel der deutschen Nationalmannschaft bei der Fußballweltmeisterschaft gegen Polen übertragen. Das erste Gruppenspiel habe ich noch relativ emotionslos verfolgt, doch an diesem Abend ändert sich alles. Das bunt gemischte Publikum konzentriert sich mit zunehmender Spieldauer immer mehr auf das Geschehen im Dortmunder Westfalenstadion. Gespräche werden seltener, ab und zu wird noch ein Getränk besorgt, aber spätestens ab der 60. Spielminute sind alle Blicke nur noch auf die Fernsehapparate gerichtet, die sich mangels Großbildfernsehern – die damals noch nicht existieren – zu einer Art Kunstinstallation frei nach Nam June Paik stapeln. Immer mehr zieht nicht nur mich die Dramaturgie dieses Fußballspiels in den Bann. Ziemlich coole Leute werden mit jedem deutschen Angriff, der nicht zum ersehnten Tor führt, nervöser und aufgeregter. Irgendwann liegt ein Schrei in der Luft, der unbedingt geschrien werden will. Zumindest bei allen, die der deutschen Mannschaft die Daumen drücken. Die polnischen Fans verstummen zunehmend, da sie wohl spüren, dass ihrer Mannschaft sportliches Unheil droht. Doch ein Tor will einfach nicht fallen und die Spannung wird immer größer. Ich habe das Gefühl, mich vollkommen in der Betrachtung des Spiels aufzulösen, ich bin mir selbst egal, ich will nur, dass endlich dieses Tor fällt. Warum nur? Was gehen mich diese schwitzenden Herren in ihren schrecklichen weißen Trikots an? Wieso verliert hier selbst die Berliner Avantgarde die Contenance? Was ist los?

Als dann David Odonkor seinen legendären Sturmlauf startete und alle ahnten: »Jetzt oder nie!«, hatte ich einen Moment das Gefühl, mit allen Personen um mich herum kollektiv in einer Achterbahn zu sitzen, aus der ich beim besten Willen keinen Ausstieg finden würde. Hier wurde über die Grenzen des Gartens der ehemaligen mongolischen Botschaft, über die Berliner Stadtgrenze, durch die noch siebzehn Jahre zuvor DDR genannte Landschaft hinweg bis nach Dortmund ein Resonanzfeld erzeugt, das stärker war als jeder Gedanke an Mäßigung und historisch gut nachvollziehbare patriotische Zurückhaltung. In diesem Moment resonierte jede Fußballverrückte mit dem Gelegenheitsfan, mit der Desinteressierten, der Ostler mit dem Westler. Alles egal, nur dieses Tor musste jetzt fallen.

Und dann fiel es und ich schrie wie ein vollkommen Bekloppter und ohne es zu merken meinem Vordermann ins Ohr, der sich wutentbrannt zu mir umdrehte, weil er jetzt nicht nur eine Niederlage, sondern auch einen Tinnitus zu verarbeiten hatte. Denn er stand außerhalb der Irrsinns-Frequenz, weil er als Pole keine Resonanz mit mir und seinen Nachbarn aufbauen konnte. Mir war das vollkommen wurscht, ich schrie mit allen anderen. Umarmungen, Freudentaumel, ein Fest der kollektiven Resonanz. Und glücklicherweise eine friedliche Freude.

Fallende Grenzen bringen nicht nur Frieden, doch gibt es Zeiten, in denen offene Wege zu glückbringenden Begegnungen führen. Ganz neue Dinge werden entdeckt, und wenn aus einer Annäherung ein Tanz wird, schmelzen Vorbehalte und Begrenzungen wie von selbst.

QIGONG

Als ich vor neunundzwanzig Jahren meine Frau Katrin kennenlernte, verbrachten wir frisch verliebt eine Sommerwoche in einer Ferienhütte am Neuruppiner See.

Eines frühen Abends stellt sich Katrin vor die Hütte und beginnt merkwürdige Bewegungen auszuführen. Sie steht mit leicht gebeugten Knien und mit schulterbreit aufgestellten Füßen mit dem Rücken zur Hütte und blickt auf den See. Sie hebt die Arme, breitet sie aus und beschreibt in alle Richtungen langsam fließende Figuren. Im gleichen Moment taucht unten am See ein kleines Ruderboot mit einem in die Jahre gekommenen Angler in Gummihosen auf. Als er kurz seinen Blick hebt, verzieht sich sein Gesicht zu einem Grinsen, und er ruft: »Junge Frau, nu mal rin!« Irrtümlich betrachtet er die tänzerisch anmutigen Bewegungen meiner zukünftigen Frau als Vorbereitung zum Kopfsprung in den See. Als sich Katrin nur milde lächelnd weiter ihren Übungen widmet, bricht es noch einmal aus ihm heraus: »Mensch, wat denn nu, nu mal rin!«
Nachdem der angelnde Bademeister mit seinem Boot aus unserem Blickfeld verschwunden ist und sich unsere Begeisterung über die sprachliche Schönheit des Brandenburgischen gelegt hat, frage ich Katrin, was sie denn da nun eigentlich mache. »Qigong«, sagt sie. »Aha«, sage ich. Anschließend erhalte ich meine erste Qigong-Stunde und ahme die Bewegungen meiner Lehrerin nach. Was bei ihr anmutig und natürlich aussieht, ist für mich aufgrund meines sofort ausbrechenden Ehrgeizes, alles unbedingt außerordentlich formidabel ausführen zu wollen, um in den Augen meiner Angebeteten zu glänzen, ein Weg in die Verknotung meiner Gliedmaßen. Doch irgendwann entspanne ich mich und fließe, so gut es eben geht, mit den Bewegungen dahin.

Bis heute bin ich wahrlich kein Qigong-Meister, doch ich liebe diese einfache Art eines heilsamen Tanzes sehr, nicht nur, weil er sich immer und überall tanzen lässt und sich auch nach nur kurzer Übungsdauer ein körperliches Wohl- und Wachheitsgefühl einstellt. Was mich vor allem fasziniert, sind die Auswirkungen auf das Gehör. Denn ab einem bestimmten Punkt ist es leicht möglich, die Übungen mit geschlossenen Augen durchzuführen. Dabei verlagert sich der Tanz der Energien in die innere Welt, und alle akustischen Reize werden, wie beim bewussten Hören, sehr intensiv wahrgenommen. Es ist, als würde das Innen mit dem Außen in Kontakt sein, ohne etwas dafür tun oder lassen zu müssen. Innere und äußere Welt sind in dem Moment in einer hörenden Bewegung anstrengungslos miteinander verbunden. Und ohne das Hinhören funktioniert es nicht, denn die Balance des Körpers hängt davon ab. Da das Innenohr für unser Gleichgewicht sorgt, erzeugt das Hören eine Ausgeglichenheit zwischen Erde, Körper und Bewusstsein. So wird die Kombination des Hörens mit dem Qigong tatsächlich zu einer Übung für die viel beschworene Einheit von Körper, Geist und Seele. Einklang in Zeit und Raum stellt sich über die Anbindung an die Erde her, überall auf unserem Planeten. Die Füße auf der Erde zu spüren, sich im Raum zu bewegen und zugleich mit geschlossenen Augen nach innen zu schauen und wiederum die Welt zu hören, ist eine beglückende Erfahrung.

STIMME

An einem nieseligen Januarnachmittag musste ich mir einmal bei einem irren HNO-Arzt per Sondenkamera meine Stimmbänder im Original anschauen, weil ich aufgrund einer Erkältung befürchtete, am Abend keinen Ton herauszubekommen. Selten so etwas Ekelhaftes wie verschleimte Stimmbänder gesehen. Ich glaube, manche Dinge sieht man lieber nicht, da gehts einem besser ohne.

Und dieses Gezucke und Gezappel, wer will sich denn das bitte im eigenen Rachen anschauen? Es ist ja vermutlich nicht umsonst so eingerichtet, dass man die Stimme lieber hört als sieht.

Der Herr in Weiß betreut die gesamte Schauspielerriege der Stadt und hat eine große Vorliebe dafür, mit seiner Handkamera im Schlund des Patienten herumzufuhrwerken. »Ah ja, da sieht man es ja, total verschleimt, da geht gar nix mehr. Da gebe ich Ihnen was Schönes, dann funktioniert das heute Abend. Aber was sagten Sie, Sie singen im Falsett? Das sehe ich hier so eigentlich nicht, dafür sind Ihre Stimmbänder doch viel zu kurz. Also, neulich war der Kammersänger S. bei mir, da müssten Sie mal die Stimmbänder...« Und so weiter.

Nun habe ich neben meiner fiesen Erkältung auch gratis dazu die Diagnose »zu kurze Stimmbänder« bekommen. Was bedeutet, dass das, was ich sonst so mache, gar nicht gehen kann. Im Falsett singen zum Beispiel. Feine Sache, nun auch noch biologische Gründe für den Selbstzweifel zu bekommen. Ich liebe die Ärzte einfach. Wie sagte doch der Orthopäde Dr. Schwanz (hieß wirklich so) einst zu mir, als ich als Fünfundzwanzigjähriger zu ihm kam, weil meine Knie knirschten. »Kann man nichts machen, entweder Knie oder Rücken kaputt, da müssen Sie sich eben entscheiden, wenn Sie sich bücken.«

Was hat das mit der Stimme zu tun? Sehr viel. Denn die Stimme lässt man am besten in Ruhe. Sie kann so vieles, wenn man sie nicht

zwingt und sie einfach machen lässt. Egal ob singen oder sprechen. Wer viel will, überfordert die Stimme, unabhängig vom Niveau (professionelle Opernsängerin oder Laienchorsänger oder Tanzkapelle oder Fußballfan). Grundsätzlich kann jede Stimme nahezu alles.
Nur eben nicht andauernd. Wer also an der Stimme herumdoktert mit seinem Willen, blockiert sie. Eine freie Stimme gehört einem freien Geist. Das ist die eine Sache.

Die andere ist die, dass ich die Stimme als Informationsträgerin empfinde. Dies habe ich mir nicht ausgedacht, sondern so höre ich sie. Jede Stimme erzählt etwas über ihre Besitzerin. Es gibt zum einen den Grundklang, der wie der Grundton der jeweiligen Person klingt, die Klangfarbe des Instrumentes, die sie von anderen Stimmen unterscheidet. Dieser Grundton wird überlagert von antrainierten, erzwungenen oder durch die Biografie eingeprägten Frequenzen. Die Kombination von Grundton und biografischen Frequenzen teilt etwas über die grundsätzliche seelische Verfassung und Ausrichtung des Menschen mit.

Und es gibt den modulierten Klang, während die Stimme in Aktion ist in einer bestimmten Situation und zu einem bestimmten Zweck.
Diese momentane Gestimmtheit der Stimme wird durch die emotionale Befindlichkeit des Menschen im Augenblick erzeugt. Hinzu kommen noch solche Dinge, die unseren HNO-Arzt in Wallung bringen würden: Rauchen, Alkohol, Müdigkeit.

Vor allem aber wirken sich Gefühle unmittelbar auf die Stimme aus. Wer richtig wütend ist, schreit oder flüstert bedrohlich. Wer sich verletzt fühlt oder aufgeregt ist, dessen Stimme zittert. Wer Stress hat, wird heiser. Und wenn es ganz arg kommt, bleibt einem die Stimme weg. Diese Durchlässigkeit der Stimme für die innere Stimmung macht sie nicht nur für den Hörer zu einem Temperaturmesser. Vielleicht ist auch der räumliche Sitz unserer Stimmbänder an der Nahtstelle zwischen Körper und Kopf und zwischen Herz und Hirn an einer sehr engen Stelle des Körpers (Hals) ein

Merkmal, sowohl für die verbindende Funktion wie auch für ihre Fragilität. Somit kann die eigene Stimme auch ein Indikator für seelisches Leiden sein. Bei Einzelsitzungen mit meiner »Musikalischen Apotheke« (2008–2019) habe ich festgestellt, dass Stimm-Improvisationen mit geschlossenen Augen bei sensiblen Personen vergrabene Geschichten, Bilder und Gefühle hervorrufen können.

Mit der eigenen Stimme scheint der Mensch in der Lage zu sein, sich an Vergessenes zu erinnern und Kontakt zum Unbewussten aufzunehmen. Am besten funktioniert das mit einem Gegenüber, das als Zeuge und als Resonanzkörper fungiert. Wenn zu den eigenen Klängen ein zweiter Klang hinzukommt, etwa indem ein anderer, feinfühliger Mensch als Gegenüber Töne als Kontrapunkt oder Spiegelung mit seiner Stimme erzeugt, ergeben sich Resonanzen, die mehr sind als ein Intervall zweier Töne. So können Erkenntnisse über sich selbst auf sehr feine und kreative Weise gewonnen werden.

Beim Aussprechen von Wahrheiten, bestimmten Wörtern oder Sätzen der eigenen Stimme im Raum volle Aufmerksamkeit zu schenken, also sich selbst dabei intensiv zuzuhören, wie bisher Ungesagtes »an die Luft« kommt, kann, so meine Erfahrung in Einzelsitzungen, tatsächlich zu einem heilenden Ritual werden. Nicht umsonst gehen Leute ins Konzert und lassen sich von Musik berühren und bewegen. Auch dort schweift die Aufmerksamkeit der Hörenden manchmal ab und das Bewusstsein geht auf eine innere Reise zu wunderbaren Erinnerungen oder eben auch schmerzhaften Ereignissen, die durch die Musik wieder »hochkommen«, so als wären sie irgendwo »unten« im Körper oder »tief« in der Seele vergraben gewesen.

Während meiner Seminartätigkeit erlebte ich die Steigerung von Kraft und Macht der Stimme des Einzelnen, wenn sie sich mit anderen Menschen im Klang verbindet. Mit der Stimme ohne Vorgaben zu improvisieren und sich ganz auf die entstehenden Klänge einzulassen, öffnet den Menschen, ohne ihn oder sie bloßzustellen.

Gemeinsames Tönen schafft Vertrauen, denn die Scheu zu Beginn kennt jeder Mensch. Wenn sich Tönende intuitiv auf die Zusammenklänge einlassen, entstehen fantastische, unwiederholbare Musikstücke. So nahe kommt man dem Augenblick selten.

Und die Stimme kann in solchen Momenten zweierlei:
Zum einen kann sie sich im Klang geradezu auflösen, wenn sie mitschwingt mit dem, was klingt. Ich kenne diesen Zustand als einen, in dem ich vergesse, wer eigentlich gerade welche Laute von sich gibt. Die Unterscheidung von »meinem Ton« und »deinem Ton« verschwindet, weil die Verbindung zweier oder mehrerer Klänge etwas Drittes erschafft, das niemandem gehört. Für so manchen »Macher« und so manche Einzelkämpferin (Politiker, Managerin, Künstler …) eine geradezu bewusstseinserweiternde Erfahrung. Viele Teilnehmende berichteten, so noch nie gesungen zu haben: ganz hoch oder extrem tief, derart laut oder verrückt. Dies ist ohne Verletzung der Stimme nur durch den Abschied vom Wollen und das Hineintauchen in die Emotionen möglich.

Zum anderen entwickelt sich die Stimme in ihren Ausdrucksmöglichkeiten genau in diesen Momenten: Ein neuer Raum wird emotional, aber auch ganz konkret im Körper gefunden, ohne zielgerichtete Vorgabe. Was die Begriffe »Kopfstimme« oder »Bruststimme« meinen, ebenso was der Ausdruck »Stimmsitz« bedeutet, wird unmittelbar erfahren. So wird sich die Stimme in dem Maße ihrer selbst bewusster, in dem sich der Mensch dabei selbst näherkommt. Dieses Vorgehen hat auch Auswirkung auf die Fähigkeit zur Intuition, denn immer wieder wurden Erkenntnisse, Lösungen und Ideen während solcher Prozesse gefunden.

In meiner Arbeit mit der Denkwerkstatt für Manager in Mannheim hörte ich oft die Belastung der Arbeitnehmerinnen in ihren Betrieben anhand ihres Stimmklangs. Besonders beim Halten eines Vortrags oder einer freien Rede vor einer Gruppe offenbart sich die Gestimmtheit der Vortragenden. Und selten ist es ein sachlich-inhaltlicher Mangel, der zu einer schwachen Performance führt.

Fast immer sind es verborgene Stressoren, die sich ungünstig auf die Stimme auswirken, die Präsenz schwächen und so die Zuhörenden in ihrer Aufmerksamkeit ablenken.

Ein Schlüssel zum Wandel findet sich im Hintergrund einzelner Wörter. Hält ein Kundencenterbetreuer zum Beispiel eine Rede, die er im realen Berufsleben vor Auszubildenden im ersten Lehrjahr vorträgt, und zeigt sich dabei eine fortwährende Reduzierung der Lautstärke oder Klangveränderung beim Aussprechen des Wortes »Kunde«, wird deutlich, dass etwas Grundsätzliches aus der sich bei einem Schlüsselwort zurückziehenden Stimme spricht. In glücklich verlaufenden Arbeiten mit dem Vortragenden wird Aufschluss darüber gewonnen, was sich hinter der akustischen Zurückhaltung dem »Kunden« gegenüber verbirgt, und anschließend möglicherweise herausgefunden, dass ein Berufs- oder Aufgabenwechsel ein lang gehegter Wunsch ist. Diesen Wunsch unter Zeuginnen auszusprechen, befreit.
Nicht nur die Stimme.

Es ist eine Frage des Trainings, die Stimme als Informationsträgerin zu hören, denn Erkenntnisse können nur über eine tiefgehende Einstimmung und Einfühlung in den Stimmklang der Vortragenden gewonnen werden. Es ist in etwa so wie mit dem Hören von Obertönen. Wer bei seiner eigenen Stimme beim Übergang eines Vokals (A, E, I, O, U) zum nächsten noch nicht auf Obertöne geachtet oder noch nie mongolischem Obertongesang gelauscht hat, wird ihre Existenz zunächst gar nicht bemerken. Je öfter jedoch die Konzentration auf den Klang einer menschlichen Stimme mit den dazu beim Zuhörenden auftauchenden Gefühlen und Gedanken geübt wird, desto deutlicher wird die Stimme als Informationsträgerin verstanden. Voraussetzung ist eine klare Selbstwahrnehmung, die zwischen Sender und Empfänger differenzieren kann.

Was die Stimme so mit einem anstellt, wenn man nicht aufpasst, zeigt das folgende Erlebnis:

Bei einem Theaterkongress der Evangelischen Kirche gebe ich einen Stimm-Workshop mit fünf Teilnehmerinnen, in dem wir uns, wie oben beschrieben, nur mit dem Klang der Stimme beschäftigen. Nach zwei Stunden befindet sich die kleine Gruppe in einem Zustand klarer Präsenz. Wir sind in der Stille angekommen und einfach da. Der große Kirchenraum scheint selbst weiter und klarer geworden zu sein. Nach einer Pause strömen alle anderen Teilnehmer des Kongresses in den Saal und eine akademische Diskussion beginnt. Innerhalb weniger Augenblicke ist der stille Ort erfüllt von Theorien, Konzepten und Meinungen. Die kurz zuvor noch wunderbar entspannte Atmosphäre versinkt mit den endlosen Wortbeiträgen im Nebel. Die Offenheit und Verbundenheit der Menschen zu- und miteinander verschwindet und es macht sich die erstickende Langeweile und Lähmung intellektueller Monologe breit, deren Antriebskraft in erster Linie Konkurrenz und nicht die Suche nach Erkenntnis ist.

Es reden meist nur die gleichen drei, vier Personen, und alle anderen winden sich auf ihren Sitzen herum. Zuhören wird zur Qual. Niemand scheint zu bemerken, wie die eingeübten Rituale von solchen Diskussionsrunden hier zum Vorschein kommen (es reden nur die Männer) und wie brav sich die Zuhörenden den Wortführern unterordnen. Plötzlich wird mir innerlich heiß und ich spüre etwas Machtvolles in mir aufsteigen, dem ich mich nicht widersetzen kann. Was da hochkommt, will ein Zeichen setzen und zu Bewusstsein bringen, dass das, was hier zuvor an Kommunikationsmöglichkeiten in der Luft lag, soeben gestorben ist.

Es ist ein Schrei, der in mir aufsteigt.
Ich schreie.
Es schreit mich.
Der Saal erfüllt von diesem Schrei.
Dann ungläubige Stille.

In diese Stille schreie ich ein zweites Mal.

Und danach stehe ich auf, gehe leise hinaus, froh darüber, so nah am Ausgang gesessen zu haben. Ich schließe vorsichtig die schwere Tür, und kaum bin ich draußen im Sonnenlicht, bekomme ich einen Riesenschreck und kurz darauf einen Lachanfall. »Was war das denn?«, denke ich.

Niemand hat mich je auf das Geschehen angesprochen. Einige Wochen später berichtet jedoch eine Journalistin, die Teilnehmerin des Kongresses und meines Workshops gewesen ist, in einem Essay im Radio über diesen »Vorfall«. Als ich ihren Text höre, fühle ich mich auf einmal erhört und weine.

Später beginne ich darüber nachzusinnen, in welchem Zusammenhang mein Schrei mit meinem Verhältnis zur Politik steht. Mich beschäftigt die Frage, welche Auswirkungen das bewusste Hören auf unser Verständnis von Demokratie und Gesellschaft haben könnte. Denn wie oft höre ich mich sagen:
Alles so eng hier, so festgefahren!

POLITIK

Als ich ab 2008 in Seminaren mit Menschen aus den verschiedensten Lebensbereichen und Altersgruppen mit Stimm-Improvisationen zu experimentieren begann, war die Sehnsucht vieler Teilnehmenden nach einem einheitlichen und »schönen« Gruppenklang groß. Hinter dem Wunsch nach Harmonie in der Gruppe lauerte die Angst, klanglich auffällig zu werden, die zum Hemmnis wurde, eigene Wege zu beschreiten. So geschah es zu Beginn eines Seminars des Öfteren, dass sich alle Beteiligten beim improvisierten Tönen »auf einem Ton trafen«, also ohne vorherige Absprache im selben Moment den gleichen Ton sangen. Ein Resonanzphänomen, das wie Einigkeit klang, aber im Grunde genommen, so meine Vermutung, Resultat der Hemmung war, einfach mal zu machen, was einem in den Sinn kommt. Zu groß war die Angst, aus der Reihe zu tanzen, sich vermeintlich lächerlich zu machen oder gar als aggressiv bewertet zu werden. »Du nimmst Dir so viel Raum«, war eher Vorwurf als Lob. Ein stimmiges Austarieren zwischen Individuum und Gemeinschaft schien nicht nur für Menschen, die in der Kriegs- oder Nachkriegszeit geboren worden waren, sondern auch aus der Kriegsenkelgeneration stammten, eine nahezu unlösbare Aufgabe zu sein. Es fehlten einfach die Koordinaten dafür, was jede Person für sich selbst als angemessen empfand. Die aus der Nazizeit resultierende und von Eltern und Großeltern übernommene Scham, sich selbst zu zeigen, war übergroß. Althergebrachte Rollenklischees, übernommene Verhaltensmuster und Reflexe wurden offenbar, und mir wurde klar, wie tief traumatisiert wir alle sind.

Wenn sich Frauen und Männer so sehr überwinden müssen, ihre Stimme zu erheben und das für sie rechte Maß dabei zu erspüren, wie logischerweise schwierig ist es, eine von Ressentiments, Vorurteilen und Konventionen freie, selbstständige und selbstverantwortliche Haltung zu politischen Fragen zu entwickeln? Denn in den politischen Einstellungen des Einzelnen verbergen sich letztlich auch die Traumata des eigenen Lebens und Erlebens (was das Mitfühlen und Übernehmen von traumatischen Erlebnissen aus Familie und Gesellschaft einschließt). Wie oft wird zwischen den Generationen einer Familie über Politik gestritten statt über Gefühle geredet? Wie häufig ersetzt die Empörung über die Aufdeckung von politischen Skandalen das Lüften von Familiengeheimnissen?

Wenn ich selbst meinen Schmerz nicht hören will, wie soll ich aus meiner Opferhaltung herauskommen?

Wie soll ich Dir zuhören, wenn ich mich selbst nicht höre oder gar nicht hören mag?

Wenn Gehorsam so lange eine Tugend war, wie soll ich mich frei äußern können, ohne im Egoismus zu versinken?

Wie soll ich es schaffen, Dir und Deiner Position Respekt zu zollen, wenn Du mir nicht zuhörst?

Und wie soll ich mit Dir in einen wahrhaftigen Meinungsaustausch gelangen, wenn meine größte Sorge ist, mein Gesicht zu verlieren?

Wie könnte sich ein demokratisches Miteinander erneuern und entwickeln lassen, das diese emotionalen Behinderungen und kommunikativen Beschränkungen überwindet und eine stimmige Balance von Freiheit und Verantwortung mit sich bringt?

In sich hineinzuhorchen, auf seine innere Welt und damit wirklich auf sich selbst zu hören, macht resistent gegen das unkritische Übernehmen von Meinungen. Es eröffnet eine Intimität mit der eigenen Person. Konsequent sich immer wieder zu fragen: »Was höre denn ICH, wie ist das für MICH?«, stärkt die Hinwendung zum eigenen Erleben, Erfahren und Hören. Die Erkenntnisse, die beim Abhören des eigenen Inneren gewonnen werden, bergen stets die Gefahr des Irrtums in sich, und genau dieses Bewusstsein der eigenen Fehlbarkeit fördert eine wirklich gefühlte Toleranz den Erfahrungen und Sichtweisen anderer gegenüber.

Dieses Hören kann uns keiner abnehmen, keine Expertin, kein Politiker, kein Ärztin, kein Schamane, keine Wissenschaftlerin und kein Prophet. Wir erschaffen selbst unsere Welt, das ist unser Recht und unsere Verantwortung. Und das große Geschenk, das uns in diesen Hörprozessen zuteil wird, ist tatsächlich die viel beschworene Kreativität. Sie macht das alles möglich. In sich hineinzuhören, ist ein kreativer Vorgang. Er entwickelt unser Gespür für Stimmigkeit, wir »wissen«, was ist. Und zugleich wissen wir, dass wir es letztendlich nur für uns wissen können. Auf der Grundlage der auf dieser Haltung ge- und erfundenen Erkenntnisse können wir miteinander ins Gespräch kommen. Demokratie beginnt so im Ohr des Individuums.

Und zwischen den Ohren sitzt der Kopf, wo sich ziemlich weit vorne der berühmte Neocortex befindet. Ihn im Sinne des bewussten Hörens zu gebrauchen, würde bedeuten, dass wir begreifen, dass das, was wir richtig finden, für andere noch lange nicht stimmen muss. Gewaltfreiheit, Vielfalt und Offenheit für unterschiedlichste Lebensformen wären eine Selbstverständlichkeit. Nationale Grenzen würden ihre Bedeutung verlieren, während der Respekt für die Einmaligkeit des Anderen wächst. Freiheit würde immer mit Verantwortung einhergehen. Doch was für ein langer Weg führt uns aus dem Dickicht der Vorurteile und der Furcht vor dem Fremden!

XENOPHILIE

Wie schön, dass da ist ein Wort mit X. Allein der Klang dieses Begriffs macht trunken. *Xenophil.* Der Buchstabe X zu Beginn dieses Wortes wird prononciert artikuliert zum »Ks«.
»Ks, ks« ist der Laut, der auf der Straße anrüchige Aufmerksamkeit erregt.
»Ks, ks« ist Anmache und Verkaufsstrategie in einem. Bei letzterer kommt noch ein gerauntes »Hey Chef« oder »My friend« hinzu. Ich erinnere mich an Türkeireisen als junger, unsicherer Blonder mit meiner Freundin und ihrer Tochter, bei denen meine Xenophilie auf eine harte Probe gestellt wurde. Klettenartige Teppichverkäufer auf einem brüllend heißen Markt versuchten alles, um mich mit den Damen in ihre Ladenlokale zu ziehen. Das Wort »übergriffig« nahm da ganz konkrete Formen an und ich stand als Mitte Zwanzigjähriger stets kurz vor einem jähzornigen Ausbruch.

Das Fremde empfand ich zwar als reizvoll, doch mich als Deutschen im Kontakt mit einer anderen Kultur als beständig unterlegen. Meine Existenz war ein Symbol der Schande, denn, im Ernst: Wieso sollte ich als Nachkomme der Nazischlächter und als im Vergleich zu den Einheimischen wohlhabender Musikstudent ein paar Jahrzehnte nach Ende eines im Namen meines Landes durchgeführten beispiellosen Völkermords so selbstverständlich wieder über Märkte stolzieren dürfen und dabei als solventer Kunde verehrt werden?
Irgendwann versetzte mich nur ein kurzes »ks, ks« in Aufruhr, und platzte mir dann tatsächlich der Kragen, erntete ich hochgezogene Augenbrauen und verwundert ironische Blicke, sowohl von den Verkäufern als auch von meinen umstehenden Vaterlandsgenossen, die meine wohl typisch deutsche Aggressionsentladung missbilligten und sich fremdschämten. Was ich nachvollziehen konnte, denn mit Scham kannte ich mich ganz gut aus, war ich im Grunde

doch eher xenophob als xenophil, nämlich mir selbst gegenüber. Den Fremden in mir betrachtete ich als Feind, weil dieser Fremde kein Ausländer war, sondern Deutscher. Was ich nicht sein wollte. Deutschsein war mir fremd, ich war mir peinlich, und das war wiederum im Wortsinne schmerzhaft. Im Inland kam ich damit klar, da empfand ich mich selbst als Fremden in der kleinen deutschen Welt, und weil ich alles das sein wollte, was nicht als deutsch galt, war ich geborgen im Nirwana des inneren Widerstandes gegenüber meiner Herkunft. Allein das Wort »Deutschland« zu hören, löste Ekel in mir aus. In meiner Generation kannte ich vor allem viele Jungen, die so fühlten und hörten wie ich.

Möglicherweise kultivierten wir als Kriegsenkel den Widerstand in uns, an dem es kollektiv in Nazideutschland gemangelt hatte. Eine Art Ausgleich. Unsere Abscheu war echt und von unseren Lehrern gewollt, sie sollten und wollten uns immun machen gegenüber rechten Hetzern. In den Achtzigerjahren, als die NPD wieder »Ausländer raus« plakatierte und meine Kumpels in unserem Laatzener Hochhaus-Paradies eben auch Türken waren, der erste Schlagzeuger unserer Band Schwarzer, der zweite Gitarrist Chilene, und sich keiner fragte, welche Staatsangehörigkeit denn nun vorlag, hatten unsere Lehrerinnen leichtes Spiel. Zum Glück. Uns wurde ein Gegengift verabreicht in der Hoffnung, den braunen Sumpf in uns ein für alle Mal trockenzulegen. Dass das auch auf den Selbstwert abfärbte – geschenkt. Den konnten wir uns in anderer Form wiederholen, denn das Selbstbewusstsein stieg später mit jedem Schritt in die dunkle Landschaft der eigenen deutschen Seele und dem konkreten Durchfühlen der Lebens-, Leidens- und Lügengeschichten meiner Vorfahren. Ich habe diese emotionalen Nachforschungen exzessiv betrieben und meine Erblast dadurch annehmen können. Erst das brachte mir Lösung und Befreiung, und zugleich war dieser Weg durch die Xenophobie meines Deutschseins einer, der mich, nachdem ich ihn hinter mir hatte, klarer auf das blicken ließ, was ich bin, was mich geprägt und geformt hat.

Schon als Kind sprach ich das Wort »Deutschland« so oft laut aus, bis es jede konkrete mentale Bedeutung verlor und zu einem klanglichen Ungetüm wurde, das all die Emotionen hervorbrachte, die ich fürchtete: Ekel, Wut, Angst und Scham. Das laute Aussprechen erzeugte einen Effekt wie beim endlosen Wiederholen des Wortes »Tisch«. Ich war fasziniert davon, wie sich der Begriff vom Gegenstand löste und vor mir etwas auftauchte, das keinen Namen mehr hatte. Was war es dann ohne Namen? Irgendwann schlief ich eines Nachts vor dem Fernseher ein und erwachte von der Stille des Testbildes. Eine sehr lange Weile hatte ich meinen eigenen Namen vergessen. Ich erhob mich vom Teppich, auf dem ich vor dem Fernsehgerät gelegen hatte, und wankte durch das dunkle Zimmer, ohne zu wissen, wer ich war. Es war gespenstisch. Kurz bevor ich, um mich zu versichern, dass ich tatsächlich irgendwer war, die Türklinke des Schlafzimmers meiner Eltern herunterdrücken wollte, fiel es mir wieder ein. Ich hatte einen Namen. Doch klar war auch: Diesen Namen konnte man vergessen. Und dann blieb erst einmal nichts übrig. Ein Grauen erfasste mich, und erst der Schrei einer vom Mondlicht gebannten Katze rief mir in Erinnerung, dass eine Existenz auch ohne Namen möglich war. Vielleicht hätte sich der Dalai Lama gefreut über mein frühzeitiges Eindringen ins Nirwana des ichlosen Bewusstseins. Leider war Seine Heiligkeit in dem Moment nicht zugegen und ich verschob die Sache mit der Erleuchtung auf später.

Doch im Ausland konnte ich noch so lange Haare haben – trotzdem fühlte ich mich bei Grenzübertritt als Repräsentant der Nazis, so blond und groß gewachsen, wie ich war. Glücklicherweise keine blauen Augen. Die hatte mein bester Freund, dafür aber war er mit schwarzen Locken gesegnet, was ihn grundsätzlich im Gegensatz zu mir zum attraktiven Kosmopolitenjungen machte. Oder um es mit einem französischen Gastelternpaar zu sagen: »Heißes Wasser, kaltes Wasser.«
»Kaltes Wasser« – das war natürlich ich.

Zum Ausgleich dieser mit mir assoziierten Gefühlskälte hielt ich mich jedoch nicht, wie von der Wehrmacht gefordert, gerade wie ein deutsches Maschinengewehr, sondern krumm wie ein türkischer, äh, Krummsäbel. Schultern hoch und Oberkörper gebeugt, trug ich mein Erbe. So schleppte ich mich in die Welten jenseits der Grenze, in denen die Demütigung lauerte.

Und die machte mich wütend. Oder die Wut war schon vorher da und ich wusste nicht, auf wen ich eigentlich wütend war. Am meisten auf mich selbst, dass ich so dumm war, in Deutschland geboren worden zu sein. Überall auf der Welt waren die Leute cool. Nur ich als Teil eines verhassten »Wir« war die Ausgeburt des Untergangs. Wer meine Sprache hörte, würde sich vor mir fürchten. Ich musste über vierzig Jahre alt werden, bis ich in Frankreich einen Kaffee bestellen konnte, ohne zu stottern. Ich ging davon aus, dass man mich verabscheute und nur widerwillig bediente. Egal wo ich auch war, das Fremde in mir beschwor, einer sich selbst erfüllenden Prophezeiung gleich, genau die Situationen herauf, die ich vermeiden wollte. Xenophilie war meine Sehnsucht, doch Xenophobie war meine Realität. Bloß, dass die meisten Menschen in fremden Ländern mir wohlgesonnen waren und mir überaus freundlich gegenübertraten, nahm ich selten bewusst wahr. Ich liebte die anderen, doch die liebten nicht mich, so meine Sicht der Welt. Was war ich denn nun, xenophil oder xenophob oder (immer noch) in der Pubertät?

Wie fremd war mir alles Deutsche und wie sehr war ich zugleich geprägt davon und gefangen in meiner inneren Abwehr. Meinem Vater schenkte ich als Zwölfjähriger zu seinem fünfundvierzigsten Geburtstag eine selbstgebastelte Collage aus privaten Fotos und Zeitungsausschnitten. Der Titel des Werkes lautete: »Die Schande eines deutschen Vaters«. Dieser nahm das Geschenk seines jüngsten Sohnes in Zeiten von Friedensbewegung und Nachrüstung mit Humor und Dankbarkeit an, weil es ihm deutlich machte, dass ich mich intensiv mit der deutschen Vergangenheit auseinandersetzte. Als Sozialdemokrat und Angehöriger des weißen Jahrgangs war ihm alles Militärische und Nationalistische zuwider. Hauptsache, ich wurde kein Neonazi, der Rest war nicht so wichtig. Mein Vater war begeistert von der europäischen Idee, und doch blieben seine und unsere Reisen beschränkt auf Besuche in Nachbarländern. »Die Fremden« kannte er aber aus seinem Betrieb. Bei der Abfallbeseitigungsgesellschaft (Müllabfuhr) stellte er Griechen, Spanier, Türken, Italiener und Franzosen ein. Als Kind wurde ich beschenkt und verhätschelt von diesen starken dunklen Männern. Wir wohnten schließlich direkt neben dem Betrieb in einer Dienstwohnung. Doch die Müllwerker waren für mich keine Ausländer. Das waren die netten Typen, die irgendwie lustig sprachen. Wie sehr ich den Klang ihrer Stimmen und Sprachen mochte. Als Kind spürte ich, welche Freiheit im Nichtverstehen liegt, wie viele bunte Bilder es freisetzt, sich ein Leben in einem fremden Land vorzustellen, ohne die tatsächlichen, meist harten Lebensbedingungen in den 70er-Jahren in Südeuropa zu kennen. Manchmal steckten die fremden Männer mir und meinem Bruder Geld zu. Wenn mein Vater das mitbekam, wurde er fuchsteufelswild. Das war ihm nicht nur peinlich, ich glaube, er fürchtete auch um das Ethos seines Berufsstandes als Beamter. Trotzdem ließen es sich »seine Jungs« (die Müllwerker) nicht nehmen, ihren Respekt und vermutlich auch ihre ehrliche Zuneigung auszudrücken, indem sie kurz vor Weihnachten mit spanischem Schinken, türkischer Wurst und französischem Käse anrückten. »Vielen Dank.« Das konnte man jetzt nicht, ohne beleidigend zu sein, zurückweisen. »Aber nun ist bitte gut.«

Ich glaube, mein Vater freute sich insgeheim sehr über diese Geschenke aus fremden und doch ihm zugewandten Welten. Diese guten Erfahrungen als Kind halfen mir aber nicht, wenn ich später als Jugendlicher mit Freunden in die Fremde ging. Mein Gefühl änderte sich erst, als ich mit meiner Musik reisen konnte. Das Goethe-Institut eröffnete mir eine neue Welt im Ausland und meine Xenophilie bekam Flügel. Das Entscheidende war für mich, in anderen Ländern nicht mehr als Tourist unterwegs zu sein, sondern dort zu arbeiten. Mit unseren Auftritten hatten wir etwas, das wir den Menschen vor Ort geben konnten, und dies wiederum, so empfand ich es, gab mir die Berechtigung, in diesen Ländern zu Gast zu sein. Ich kam mit Geschenken und wurde von meiner eigenen Regierung bezahlt. So fühlte ich mich frei und selbstbewusst und hatte das Gefühl, wenigstens einen winzigen Teil dazu beitragen zu können, die kollektive Schuld abzutragen. Ein merkwürdiger Gedanke, ich weiß. Doch in der Tat ernteten wir in anschließenden Begegnungen nach den Konzerten oft Erstaunen beim Publikum damit, dass wir wirklich aus Deutschland kämen. Skandinavien vielleicht, aber aus dem verklemmten, fleißigen Deutschland?

Über vierzig Länder besuchte ich auf diesen Konzertreisen in den 90er- und 2000er-Jahren und ich liebte es, durch fremde Städte zu gehen, mit unbekannten Menschen zu reden oder im VW-Bus durch afrikanische Landschaften zu fahren, und konnte dabei mein Glück, das alles sehen zu dürfen, manchmal gar nicht fassen. Ich saugte alles auf und meine Angst und meine Minderwertigkeitsgefühle schwanden. Endlich war ich als ein Mensch mit seinen Fähigkeiten in Kontakt mit der Welt. Auf diesen Reisen wuchs meine Xenophilie in dem Maße, wie meine Xenophobie mir selbst gegenüber schwand.

Nur wenn ich als Tourist unterwegs in Frankreich oder Italien war, packte mich das alte Gespenst wieder. »You are so German, Jens«, war noch in den späten Neunzigerjahren der Hebel, den meine portugiesischen Mitmusikerinnen ansetzten, wenn ich Dinge aussprach, die sie lieber unter den Tisch der jazztypischen Coolness fallen ließen. Auch diese musikalischen Begegnungen waren ein Trainingsfeld. Dort konnte ich unterscheiden lernen, was tatsächlich für mich, unabhängig von Klischees, stimmte. War ich wirklich »so German«, fragte ich mich, und falls ja, wie könnte ich das statt zum Vernichtungskrieg dieses Mal zur gewaltfreien und wahrhaftigen Kommunikation nutzen? Oder waren die Kollegen vielleicht selbst »so Portuguese«? In Portugal wurde damals nämlich der Herr Vater noch gesiezt von seinem vierzigjährigen Sohn, und wenn Vati mal zufällig in den Proberaum kam, wurden auf Geheiß des Sohnes panisch alle Zigaretten gelöscht.

Ich liebte es, mit diesen wunderbaren Musikern zu spielen, ihnen zuzuhören. Wir diskutierten und lernten miteinander. Und wir lachten. Vor allem über den exzentrischen Humor unseres britischen Violinisten. Der begrüßte mich während einer Probenphase in Portugal jeden Morgen mit einem munteren »Heil Jens!«, und er und ich hatten so schon vor dem ersten Kaffee einen Lachanfall. So absurd das klingen mag, für mich war dieses Ablachen auch ein Heilungsritual, so als würde das Lachen all den Wahnsinn nicht nur kenntlich machen, sondern ihn auch aus mir lösen. Und mein britischer Kollege konnte vermutlich ebenfalls etwas loswerden, das ihn aus der Geschichte seiner Ahnen gefangen hielt. Maybe. I hope so.

NEIL YOUNG

Neil Young habe ich zum ersten Mal von einer Audio-Cassette gehört. In einem Auto, welches sich im etwa gleichen Zustand befand wie das Tape: Beide leierten so vor sich hin. Trotzdem berührte mich seine Stimme sofort. Sie weiß, wohin sie will, doch sucht sie sich ihren Weg immer wieder neu, ohne Absicherung.

So wie auch Katrin und ich Mitte der Neunzigerjahre im Fiat auf dem Weg von Berlin ins polnische Masuren. Das Triple-Album »Decade« war dabei, auf mehrere Cassetten verteilt, unser Begleiter. Mit einer Straßenkarte ausgestattet, die diese Bezeichnung nicht verdiente, schleppte sich der klapprige Panda Dance durch das polnische Hinterland, und es dauerte nicht lange, bis klar war, dass wir es in diesem Tempo bis zum Abend keinesfalls in unsere Unterkunft schaffen würden. Ein Streit mit meiner neuen Freundin entbrannte, der allererste überhaupt nach einem Jahr Verliebtsein, und der hatte es in sich. Da ich keinen Führerschein besaß, musste sie die Strecke allein hinter dem Lenkrad bewältigen.

Als wir uns auch noch verfuhren und nicht mehr wussten, wo wir waren, hielt sie im Nirgendwo an.

In diesem Moment erklang der Song »Helpless«. Wir stiegen aus dem Wagen und stolperten planlos über das vor uns liegende Stoppelfeld. Niemand da, nur Neil Young sang durch die geöffneten Türen. Wie konnte er wissen, wie wir uns gerade fühlten? Wir setzten uns auf das Feld und hörten den Song bis zum Ende, aufgehoben im Klang seiner Stimme, die direkt zu uns sprach.

Sie fragte uns: »Schafft Ihr es, Eure unterschiedlichen Leben zusammenzubringen, ohne Freiheit und Individualität zu opfern? Werdet Ihr für ein gemeinsames Leben genug Kraft entwickeln, um Widerstände und Schwierigkeiten überwinden zu können? Kurzum: Werdet Ihr zusammen Euren Weg finden?«

Lange blieben wir auf dem Feld sitzen, versunken in die Musik von Neil Young. Mit den Klängen, die aus dem Auto strömten, kamen wir ins Gespräch. Ich war es in solchen Situationen gewohnt, vor lauter Angst gleich eine Antwort oder Lösung anbieten zu wollen, die hier aber weit und breit nicht in Sicht war.

Nur die Hilflosigkeit verband uns und wir begannen einander zu erzählen, was wir tief im Innersten fühlten und fürchteten. Sehr simpel, sehr schwierig.

Vielleicht lernten wir in diesem Augenblick die Grundform der Kommunikation kennen: *erwartungsfrei zuzuhören*. Das klingt so einfach, ist aber wie alles Einfache ziemlich schwer, wenn man im Stress ist. »Nicht abhauen, wenn es kompliziert wird, denn nur wer dableibt, kann weiter zuhören«, sang Neil. Nein, natürlich nicht. Aber gerade seine Songs bieten die Möglichkeit, sich seinen eigenen Text dazu zu stricken. Nach einer Weile standen wir auf, setzten uns in den Wagen und fuhren weiter. Die Cassette war an ihr Ende gekommen, doch wir hatten mit dem Zuhören einen Anfang gemacht.

Zwanzig Jahre später spielt Neil Young mit Crazy Horse »Helpless« bei einem Konzert in der Arena im französischen Nîmes. Nachdem mir schon bei Patti Smith andauernd die Tränen gekommen waren, heulte ich bei Neil Young durch. Eigentlich war es kein Weinen, das Wasser floss einfach aus mir heraus. Seiner Stimme war das fortgeschrittene Alter anzuhören, und doch durchfuhr sie mich noch mehr als auf dem polnischen Stoppelfeld. Er sang wie immer, mit vollem Risiko und Hingabe.

Er war sich seiner Sache sicher, und zugleich lud er mich ein, zu sein wie er.

Keine Ahnung, wie er das schaffte. Er spielte vor Tausenden von Leuten und ließ mir Platz, ich selbst zu sein. Er gab mir Luft zum Atmen und Raum für meine eigene Geschichte.

Noch einmal fünf Jahre weiter. November 2020. Katrin und ich tanzen in Berlin während des Corona-Lockdowns zu »Helpless«. Unsere Liebe ist lebendig.
Auch die zu Neil Young.

(Der Song »Helpless« von Neil Young in der Version von Jens Thomas ist zu hören auf dem Album »Jens Thomas: Neil Young Collage«, o-tone music, 2023.)

WEGE

Hörst Du? Hörst Du mich?

Ich bin mir im Weg. Mein Hören kommt nicht ans Ziel.
Es findet keine Quelle.
So mache ich mich auf den Weg. Hörend verlasse ich den Ort, den ich kenne.
Kein Sofort.
Ich warte während des Gehens.

Hören ist Warten. Auf den Sturm im Wasserglas. Farbe mischt sich ein.
Malen ohne Ziel. Malen ist Hören in Farbe.
Ich kenne den Weg nicht.

Laufen gehen im Park. Heute laufe ich andere Wege. Keine Runde.
Ich schreibe im Stehen. Alles will anders heute. Nur so. Das Alte soll aus dem Weg.
Alte Musik, neue Musik. Alte Lieder, neue Hits. Die Wege dorthin unbekannt. Verlassen.

Die gleichen zwölf Halbtöne und alles bewegt sich in verschiedene Richtungen durch die unterschiedlichen Wege, die die Komponisten beschreiten. Sie hören verschieden und das bringt sie auf eine andere Fährte.

Aus dem Alten entsteht das Neue. Und das Neue wird zum Alten am nächsten Tag.

Dann wieder wird es neu entdeckt und die alte Musik klingt in anderen Ohren neu.

Das Alte bleibt alt, doch ist es alt genug, befreit es sich von der Zeit. Etwas Vergessenes, noch nie darin Gehörtes wird gefunden, und es bleibt Erstaunen über das immer wiederkehrende Neue, das das Alte in sich trägt. Es ist lediglich nicht alles gleichzeitig sichtbar, da ist immer alles. Parallel. Das Rad dreht sich, mal oben, mal unten, der Weg immer gleich.

Auf dem richtigen Weg zu sein, bedeutet nicht, sich nicht zu verlaufen. Jeder Weg offenbart etwas, doch nicht immer ist verständlich, was der Weg erzählen will. Meine übelsten Verläufer auf Wanderungen erklärten sich mir erst viel später. Vielleicht erkläre ich mir auch die Wege, doch was spielt das für eine Rolle?
Alles Entscheidende spielt sich im Inneren ab. Ob der Weg ein richtiger ist, entscheidet der Mensch, der ihn geht. Richtig heißt nicht unbedingt »gut« oder »schön«. Richtig ist vielmehr das, was unbedingt getan oder erlebt werden will.
Wer entscheidet das? Was lässt mich an der nächsten Kreuzung links abbiegen und nicht geradeaus weitergehen?

Wege bereiten etwas vor. Sie führen sich selbst.
Die Frage ist: Was bekomme ich davon mit?

Höre ich auf den Weg, auf seine Geschichte, um die es möglicherweise mehr geht als um eine Botschaft? Eine gute Botschaft ist eine gute Geschichte. Ohne spannende Story funktioniert keine Message, das wussten alle Religionsstifter. Handlungen müssen überhöht werden, um Wirkung zu erzielen. Ich mag die großen Geschichten, aber nicht die großen Religionen. Sie überhöhen sich selbst und machen mich klein. Ich möchte mir aber meine eigene Geschichte erzählen und sie für mich überhöhen, was heißt, meinen Geschichten einen Sinn zu verleihen. Mein Sinn macht oftmals keinen Sinn für jemand anderen. Aber *dass* und mitunter auch *wie* ich mir meinen Sinn zusammensuche, könnte Sinn für jemanden machen, der zuhört. So habe ich es erlebt. Die Geschichten anderer haben meinen Geist vorangetrieben, nicht ihre Ratschläge, Methoden oder Predigten. Anweisungen lähmen, Inspiration bewegt.

Von innen nach außen und zurück und es dabehalten und pflegen. Wieder nach außen drücken und danach alles vergessen. Bis es soweit ist.

*

Ich beginne meine Wanderung im Fränkischen an einem Bach, folge ihm und biege dann in den Wald ab. Felsen erwarten mich, durch die ich mich hindurchschlängele. Es wird still dort, und wäre ich hellsichtig, würde ich jetzt wohl Elfen, Feen und hier abgestürzte Seelen erblicken. Da ist etwas. Präsenz. Plastisch, liquid und doch unberührbar. Das Wort Ektoplasma habe ich mal im Zusammenhang mit Geistererscheinungen gehört. Keine Ahnung, was das ist, aber genauso klingt das hier, so ektoplastisch. Ich kenne dieses Gefühl von ähnlich aufgeladenen Orten, und doch ist es jedes Mal, als würde ich mir selbst dieses Gefühl nicht erlauben wollen, weil es so vertraut und selbstverständlich und doch zugleich so anders ist als das alltägliche In-der-Welt-Sein. Mir ist jetzt, als würde ich mir selbst dabei zusehen, wie ich durch eine andere Zeitzone wandere. Hören kann ich nichts. Nur meine Schritte auf dem feuchten Waldboden.

Mein Hören wird zum Riechen, und die schwarzgrüne, samtige Masse aus Nässe, Erde und Blättern ist das Serum, das mich in eine erweiterte Gegenwart zieht.

Nie so einsam gewesen, nie so eins mit allem. So lebendig, so nah dran, die Seiten zu wechseln. Ich bin hier nicht allein, da bin ich mir sicher. Grusel mischt sich mit Euphorie und Abenteuerlust. Ektoplastische Liebe zum Dasein. Kein Wind. Parallel dazu die Magie des Bösen, die klar präsenten Kräfte der Zerstörung, die ich fürchte und achte und die nichts anderes tun, als hier alles am Laufen zu halten. Am Leben zu halten. Die mich ins Laufen bringen. Noch ein paar Schritte und ich bin woanders angekommen. Blick zurück verboten. Unterwelt.

Schlucht nennt man das wohl. Denn als ich ihr entsteige, bemerke ich durch die Helligkeit, die mich empfängt, wie dunkel es war. Sonne! Geister? So ein Quatsch.

Oben ist es warm, trocken. Spätsommer. Nahezu Spätburgunder. Beschwingt schreite ich aus, begrüße lauthals den nächsten Wegweiser. Über Wiesen, über Felder, ist es nicht herrlich?

Leider ist mir nicht klar, dass das Serum noch wirkt und meine Munterkeit einer Erleichterung gezollt ist, die mich unaufmerksam werden lässt. Prompt verpasse ich die nächste Ausschilderung und stehe dumm im Wald. Schlagartig ist die Euphorie dahin und ich werde pampig. Was soll das? Eben gerade war doch alles so schön und nur einen Augenblick später habe ich die Orientierung verloren?
  »Das hatten wir doch schon so schön bei der letzten Probe«, höre ich in meinem Kopf eine Regisseurin sagen. Meine Wanderung ist aber keine Probe. Wobei eine Theaterprobe ja auch keine Probe ist, sondern eine Aufführung für Regisseur ohne Zuschauer, geboren aus dem Wahn, jeder künstlerische Vorgang, der etwas tauge, müsse wiederholbar sein. Um das zu gewährleisten, schreibt Regieassistent *alles mit, was auf der Bühne passiert und was* Regisseur *gefällt, denkt und sagt. Wisper, wisper, flüster, flüster. Wo ist eigentlich mein Assistent? Einer, der mir den Weg weist, indem er in seinem Laptop nachschaut, wie ich gestern gewandert bin.*

Mittlerweile habe ich den verpassten Wegweiser gefunden, doch Lust habe ich keine mehr. »Wir hatten es doch schon so schön.« So ist das im Grunde ja immer. Exakt in dem Augenblick, in dem ich denke: »Jawoll, so geht das«, ist es auch schon vorbei. Besoffen von meinen eigenen Gedanken, die mir in meiner Hochstimmung erzählen, wie fein ich alles unter Kontrolle habe (»läuft doch«), bin ich verloren. Einmal abwesend, nicht mehr anwesend. Und so sieht jetzt auch die Landschaft aus. Abwesend, leer. Öde. Feldweg. Geradeaus.

Wohin? Keine Ahnung.
Was tun? Auf keinen Fall stehenbleiben.
Wenn schon nicht die Richtung kennen, dann wenigstens die Geschwindigkeit erhöhen.
Viel hilft viel.

Bewährte Strategie.
Los jetzt!
Quälen! Strafe!
Weiter! Immer weiter!
Schneller gehen!
Dauert mir nämlich alles zu lange. Mal fertig machen, die Wanderung.

Ein Agraringenieur auf seinem Mähdrescher glotzt mir hinterher. Auch der fränkische Bauer kann Brandenburger Schulterblick. Vielleicht hat er ja in der LPG Dabergotz gelernt. Den frage ich jedenfalls nicht nach dem Weg. Gehe ich eben noch schneller, bin ich früher an der nächsten Kreuzung.

Bin ich tatsächlich.
Früher.
An der nächsten Kreuzung.
Weiß ich früher, dass ich komplett im Off bin.

Auf den Wegweisern nur Orte, deren Namen auf meiner winzigen Wanderkarte nicht zu finden sind. Nein, ich habe keine App, denn ich habe kein Smartphone.
   »So eine Scheiße.« Wieder verlaufen. Das gibts doch gar nicht. Warum passiert mir das jedes Mal? Jetzt komm mir nicht mit: »Der Weg ist das Ziel.« Der Weg ist weg. Das ist das Problem.

Da ich wirklich keinen Schimmer habe, wo ich bin, schlage ich eine neue Richtung ein, von der ich glaube, sie führe mich zurück nach Hause. Wie das so ist. Wenn man nicht mehr weiterweiß, gibt man sein Ziel auf und orientiert sich nach Hause. Angst erleichtert die Rückkehr zu dem, was hinter einem liegt.

Ich gehe. An der nächsten Kreuzung steht gar nichts mehr, also laufe ich einfach weiter geradeaus. Was soll ich sonst machen? Auf meiner kryptischen Wanderkarte gibt es mehrere graue Flecken, und ich hatte mich schon gewundert, was das wohl sein könnte. Nun weiß ich es: Steinbrüche.

Und genau da bin ich nun gelandet: an einem dieser Steinbrüche. Ein lautes Tuten ertönt. Ist das nicht das Warnsignal für eine bevorstehende Sprengung? Das Gehupe beendet meinen »Immer-weiter-Modus« und ich sehe die Warnschilder mit der Aufforderung, sich doch bitte fernzuhalten. Lebensgefahr! Was soll ich tun?

Ich gehe doch nicht den ganzen Weg zurück. Panik steigt in mir auf. Kann einem davon nicht das Trommelfell platzen, wenn man zu nah an so einer Sprengung herumläuft? Ich fange tatsächlich an zu laufen, ein Maisfeld taucht an der rechten Seite auf, der Steinbruch zu meiner linken. Plötzlich knurrt und grunzt es im Mais. Wildschweine! Nicht das auch noch, jetzt bekomme ich richtig Angst, laufe schneller. Es gibt nur diesen Weg, entweder vorwärts oder vorwärts, rückwärts ist keine Option. Ich schreie, wie man das in Brandenburg im Wald tut, um die Wildschweine zu vertreiben. Ob sich die fränkischen Tiere davon beeindrucken lassen? Wieder ertönt das Signal, ich renne so schnell ich kann. Um eine Kurve. Noch eine Kurve und kein Ende des Weges in Sicht.

Nach einer weiteren Kurve erblicke ich in der Ferne eine Landstraße, auf die mein Weg zuläuft. Und ich frage mich, wieso das Gelände nicht besser abgeriegelt ist. Je näher ich der Straße komme, desto sicherer fühle ich mich. Der Steinbruch liegt nun in einiger Entfernung und zu hören ist nichts mehr, kein Tuten, keine Sprengung, keine Sau. Kaum erreiche ich die Straße, beginnt es zu regnen, ich entscheide mich für eine Richtung, ohne zu wissen, ob sie mich meinem Ziel näherbringt. Keine Autos, keine Schilder, dann ein Wanderparkplatz und eine große Karte. Ein Blick sagt mir, wo ich mich befinde, nämlich genau dort, wo ich mich nicht vermutet hätte. Als ich mich umdrehe, entdecke ich in ein paar Hundert Metern Entfernung ein Ortsschild. Ich setze mich auf eine Bank und breche zusammen mit dem Regen in Tränen aus.

Und da erinnere ich mich. Als ich ein kleiner Junge war, sind meine Eltern mit mir und meinem Bruder in Dänemark auf einer Wanderung am Meer zu einem Nachbarort vom Weg abgekommen. Mein Vater war sich sicher, dass hinter der nächsten Kurve die Bucht mit dem Zielort auftauchen würde. Doch das passierte einfach nicht. Bucht um Bucht umrundeten wir, Kurve um Kurve. Statt des Ortes tauchte ein Gewitter auf und ich spürte mit einem Mal die Angst meiner Eltern. Mein Vater lief mit meinem Bruder voraus, ich blieb mit meiner Mutter unter einem Baum stehend zurück. In der Ferne grollte der Donner. Nach einer für mich endlos erscheinenden Zeit kamen Vater und Bruder mit dem Auto angefahren. Allen schien vollkommen schleierhaft zu sein, wie es zugegangen sein mochte, so sehr die Orientierung verloren zu haben. Aus einer fröhlichen Wanderung war aus dem Nichts eine beängstigende Reise geworden. Da wurde mir klar, dass selbst meine Eltern manchmal nicht weiterwussten. Einige Tage später musste mein Vater nach Deutschland zurückkehren, weil seine Mutter erkrankte. Es lag während der ganzen Ferienzeit eine Bedrohung in der Luft, gerade an einem Ort, der an und für sich idyllisch war. Die Wanderung am Meer war ein Symbol dafür. Und nun, über vierzig Jahre später, sitze ich auf einer Bank im Fränkischen und heule.

Dieses Mal habe ich meinen Weg allein finden müssen. Das Gewitter von damals wurde zum Steinbruch und die Furcht des Kindes wurde für den Erwachsenen mit fünfzig Jahren zur Angst, das Gehör durch eine Sprengung zu verlieren. Erleichtert über meine »Rettung« stiefele ich zum Hotel zurück. Am Abend finde ich auch auf einer detaillierteren Karte die Stelle, von der aus ich meinen Weg verloren habe. Absurd, sich dort zu verlaufen. Vom Balkon blicke ich in die Dämmerung und erschließe mir den Sinn dieser Wanderung: noch einmal zu erleben, was ich als kleiner Junge gefühlt hatte, und zugleich den Weg meiner Rettung heute selbst zu finden. Diese Wanderung war mein Plot gewesen, und so unspektakulär sich die Geschichte jetzt auf dem sommerabendlichen Balkon anhört, so viel mehr Bedeutung gebe ich ihr. Die Gabe dieser Bedeutung schenkt mir die Erlaubnis, mich nicht mehr für meine Angst zu schämen. Es ist, als würde ich in diesem Augenblick dabei zuhören, wie ich mir selbst vergebe. Für dieses Geschenk war der falsche Weg der richtige gewesen. Ansonsten hätte es einen schöneren gegeben. Aber den kann ich ja ein anderes Mal gehen.

ZIEL

Jetzt sitze ich am Meer und sehe den Wolken zu, die über den Sternenhimmel ziehen. Da ist Bewegung ohne Unterlass, ohne Ziel, ohne Ankommen. Obwohl es hier unten bei mir auf der Erde fast windstill ist, ändert sich die Konstellation am Himmel ständig. Es gibt keinen Stillstand. Mal sind Sterne zu sehen, dann wieder schieben sich Wolken davor. Und ist alles von Wolken bedeckt, reißt es sofort an anderer Stelle wieder auf. Ist dann der Himmel in einem Moment sternenklar, ziehen von der Seite schon wieder neue Wolken heran. Ich denke: »Jetzt klart es ganz auf«, und dann wieder: »Nein, es zieht sich komplett zu.« Doch es wird kein dauerhaftes, stabiles Himmelsbild erreicht, jedenfalls keines, das eine klar fixierte Beschreibung ermöglichen würde, wie: »Heute ist es bewölkt, die Sterne sind nicht zu sehen.« Oder: »Heute Abend ist es sternenklar.« Es ist für den einen Moment so, doch im nächsten Augenblick tendiert es in die genau entgegengesetzte Richtung der Beschreibung. Nichts ist von Dauer.

Einzelne Wolken sind kaum auszumachen, weil nicht deutlich ist, wo die eine Wolke beginnt und die andere aufhört. Zu schnell bewegen sich die verschiedenen Wolkenformen aufeinander zu, dann wieder voneinander weg. Manche kollidieren, bleiben ineinander hängen.

Wolkenmassen. Wolkenberge. Wolkenfetzen.
Andauernde Veränderung. Alles ist in Bewegung. Immer. Nichts bleibt stehen.

Was aber ist mit dem Felsen dort drüben, am Ende der Bucht? Er ist riesig und erscheint so fest. Doch irgendwann, bei einer Sturmflut vielleicht, wird er ins Meer geschleudert. Oder jedenfalls ein Teil von ihm.

Existiert der Felsen weiter, wenn ein Teil von ihm ins Meer stürzt?
Wird er dann ein *anderer* Felsen?
Stirbt er gar?
Bleibt er unter Wasser *der* Felsen?
Die Wolke, *der* Vogel, *die* Sonne.

Nichts davon stimmt. Denn nichts ist fix oder hat eine Identität, wie ich das gerne hätte. Ich klammere mich an die Verdinglichung der Natur.
Das Meer, *die* Welle, *der* Tropfen.

Dabei ist nichts voneinander zu trennen. Das Eine ist das Andere. Das Große ist das Kleine ist das Große. Nur ich trenne die Dinge. Ich will den einen klar definierten Zustand und das unterscheidbare Objekt. Damit ich wenigstens gedanklich greifen kann, was mir unbegreiflich ist. Dazu muss es getrennt sein vom Ganzen. Ich will es erkennen, benennen und dann behalten. Damit ich es sicher habe. Damit es immer da ist. Weil es immer da sein soll.
Ich will Stabilität, Festigkeit, Kontinuität.
Dabei ist nur Veränderung, Fluss und Wandel.
Jetzt und jetzt und jetzt.
Immer da.
Ewig.

Doch ich verpasse die Ewigkeit, weil ich sie in meinen Benennungen, Beschreibungen und Verdinglichungen suche. Ich will, dass etwas bleibt.
Für immer.
So wie es ist.
Ohne Veränderung.
Vielleicht bleibe ich dann auch.
Ich muss dann nicht sterben.

Nichts bewegt sich mehr.
Kein Weg mehr.

Stillstand ohne Stille.
Vakuum, keine Luft mehr zum Atmen.
Kein Atem.

Den Dingen ihren Lauf lassen, auch wenn es scheint, als würde alles stillstehen, stagnieren und festsitzen.
Was aber tun, wenn nichts fließt?
Was bringt das Leben in Fluss?
Die Schwerkraft?
Das Gefälle, das die Richtung vorgibt?
Wohin?
Wie soll etwas fließen, wenn die Richtung nicht klar ist?

Losgehen.

Eine Richtung einschlagen und sehen, wohin das führt. Ich gehe los und bleibe sofort wieder stehen. Drehe mich um. Schaue zurück. Nur Nebel. Einfach weitergehen? Aber wie geht das im Nebel?
Geh mal im Nebel einfach weiter
Du tastest dich nach vorne, du schwankst. Was heißt: nach vorne, wo ist das?

Nichts zu hören. Stehenbleiben, bis der Nebel sich verzogen hat?
Lieber gehen. Das tut gut.
Es bewegt mich.

Ich höre Gedanken, die sagen:

Was soll das?
Wozu?
Wofür?
Für wen?
Was soll ich tun?
Warum ist es?
Ist es nicht?

Warum ist es so?
Warum nicht anders?
Was jetzt?
Was treibt mich an?
Ist es meine Sehnsucht, mich von dort, wo ich bin, zu entfernen?
Mein Weiterkommen?
Mein Fortkommen?
Von wo will ich weg?
Komme ich weiter?
Will ich weitergehen?
Ankommen?

Durch meinen Kopf jagen die Bilder.

Sonne, Meer, Steilküste, blaue Weite, weit weg von hier. Woanders sein, ferne Weite, ersehnte Ferne, langes Ausatmen, kein Gedanke.

Nicht hier sein. Woanders hingehen. Weggehen. Nicht ankommen.
Kein Ende.
Es nimmt kein Ende, doch es gab den Anfang.
Das Aufbrechen. Das Geöffnete.
Hineinschauen ins Aufgebrochene. Es dampft der Körper, es pumpt das Herz.
Das innere Leben drängt nach draußen.
Es bringt sich hervor.
Der Dampf durchdringt den Nebel.
Ich schwitze, ich arbeite, ich lasse nicht ab.
Ich bleibe dran, ich bleibe dabei.
Das Hören hilft mir.

Kein Weg, der klar vor mir liegt.
Kein Pfad, den ich wählen könnte.

Es geht nur weiter.
Das ist nicht viel, doch auch nicht wenig.

Es ist einfach.
Endlich.
Endlich einfach.

VERTRAUEN

»Und welche Musik am eigenen Grab?«, fragte mich einmal der Journalist und Pianist Michael Naura. »Keine«, antwortete ich. »Da will ich den Wind hören.«
So stand es jedenfalls später in der Zeitung.

Es ist Montagabend und ich sitze in der staubigen Garderobe eines Kulturzentrums hinter der Bühne. Ich schalte das Licht aus. Es ist absolut windstill in der Dunkelheit, vor und hinter der Bühne vollkommene Flaute. Keiner da heute. Bedeutet »Solokonzert« denn, dass man für sich allein spielt?
Der Veranstalter kommt in die Garderobe und schaltet das Licht an. Sein Gesicht sieht so aus wie das Sofa, auf dem ich sitze. »Wir wären dann soweit«, sagt er. »Du auch?« Er lässt mich wieder allein, ohne eine Antwort abzuwarten. Ich stehe kurz auf, lösche das Licht und lasse mich wieder zurück auf sein Gesicht fallen. Mich packt der Neid auf die, bei denen die Bude voll ist. Unerträglich der Gedanke, jetzt nur einer Handvoll Menschen gegenüberzutreten und ihnen etwas vorzuspielen. Ich habe nichts zu sagen.

Wenn ich die Augen schließe und nur noch höre, hilft der erste gesungene oder gespielte Ton, den nächsten zu finden. Und jeder weitere Ton übertönt die Gedanken, die mich lähmen, und das Vertrauen wächst, dass noch mehr Töne kommen werden. Einmal begonnen, stehen die Chancen ganz gut, vom Klang davongetragen zu werden. Einmal im Hören, legt sich der Zweifel, weil er jenseits der äußeren Bilder, im dunklen Reich des Tons, keinen Anhaltspunkt mehr findet.

Obwohl ich um das Hören weiß, vergesse ich es immer wieder. Manchmal habe ich den Eindruck, ich muss erst zurück in die Höhle gehen, einsam im Dunkeln sitzen, und in dem Moment, wo es mir gelingt, einen ersten Ton meiner Kehle zu entlocken, öffnet sich die Welt derer, die Jahrtausende vor uns damit begonnen haben, das, was sie hörten, in eigene Klänge zu übersetzen. Heute wird oft gesagt, man sei zwar allein, aber nicht einsam. Damals war es ganz sicher umgekehrt, falls ich mich richtig erinnere.

Einsam waren wir, doch in der beseelten Welt keinesfalls allein. Wir waren der eine Samen, der an den Wänden der Höhle Bilder wachsen ließ. Und diese Bilder wurden aus Tönen geboren, aus Beschwörungen, die die Tiere, die wir malten, lebendig werden ließen. Wir konnten sie in unserer Höhle hören, dort an der Wand; durch unsere Schatten sprengten sie den Rahmen des Bildes, den es noch nicht gab. Da war nur der Stein, der Fels, das Innere der Erde. Der Moment des tiefsten Beisichseins in diesem dunklen Raum, der alle Töne zum Ausgangspunkt zurückwarf, ließ unsere Seelen tanzen. Die der Menschen, Tiere, Pflanzen und Steine. Welches Vertrauen hatten wir im Bauch des Planeten! Und da draußen in dieser riesigen Welt unter unzähligen Lichtern in der Nacht, im Dickicht der Wälder, im Angesicht des Gefressenwerdens! Egal! Jetzt male und singe ich. Jetzt atme ich, jetzt laufe ich! Danach gebe ich mich hin. Dorthin zurück, woher ich kam. Allein? Nein, das All noch weit entfernt. Einsam! Ein einziger Samen, ein Tier, ein Körper. Ich erwarte nichts, ich höre, ich vertraue. Ich bin, was ich werde: Erde.

Schließe ich heute meine Augen, kehre ich in die uralte Dunkelheit der Töne zurück. Das Einzige, was mich jetzt vor dem Abgrund der absurden Situation retten kann, auf eine Bühne zu treten und, getrennt von den anderen, etwas zu tun, was aus der Verbindung mit allem, was ist, hervorgebracht wurde. Jetzt bin ich tatsächlich allein, aber kein Same mehr.

Dabei wollte ich doch singen:
Nur um zu säen, bin ich hier, um alles einmal anzufassen.
Stattdessen heißt es nun:
Nur um zu sehen, bin ich hier, um alles einmal anzufassen.

Immerhin, die Fähigkeit zum Kontakt ist mir geblieben.

  Niemals werde ich darüber sprechen, vielleicht schreibe ich einmal darüber; mein letzter Gedanke, bevor ich den schwarzen Vorhang zur Seite schiebe und ins Licht gehe.

Als ich an diesem Montagabend die Bühne betrete, ergreift mich ein ruhiger Strom, der meine Hirngespinste aufnimmt und mich zu den tatsächlichen Klängen führt. Ich bin jetzt wach und mache, was ich mache, gerade so, als sei ich angekommen. Wo auch immer das ist. Etwas Namenloses, das sich mir anbietet, mich aber nicht zwingt, trägt mich dabei. Wie viele Leute sind gekommen? Egal. Unser Stamm wird kleiner Tag für Tag, doch das sind meine Leute. Ich mache meinen Job wie früher und singe:

Wenn es soweit ist, fahr ich los, spür den Wind im Gesicht.
Wenn es soweit ist, Leinen los, ich segel ins Licht.
Wenn es soweit ist, lass mich los und bete für mich.

Bis es soweit ist, bleib ich einfach im Garten.
Bis es soweit ist, darf die Welt auf mich warten.
Ich fege die Wege und fühl, dass ich lebe.
Keine Hast, keine Schwere – nur leichte Leere.

Bis es soweit ist, scheint die Sonne für mich hell.
Bis es soweit ist, geh ich langsam, nie mehr schnell.
Ich schau in die Bäume, den lieben Tag lang, ich träume.
Und es gibt nichts, was ich jemals versäume.

Gar nicht weit von unserem Garten liegt mein Schiff in seinem Hafen.
Und tönt der Ruf *es ist soweit*, steh ich dort bereit.
Wenn es soweit ist.

(Der Song »Wenn es soweit ist« ist zu hören auf dem Album »Jens Thomas: jENS tHOMAS«, Misitunes, 2020.)

HÖRÜBUNGEN

INS HÖREN GEHEN
Begeben Sie sich allein in einen Raum, in dem Sie fünf Minuten ungestört sein können. Setzen Sie sich bequem hin, am besten auf einen Stuhl, und stellen Sie die Füße auf den Boden. Schließen Sie die Augen.
  Konzentrieren Sie sich nun nur auf das, was Sie hören.
  Hören Sie ohne Anstrengung und ohne etwas zu tun.
  Einfach hören. Sonst nichts.
  Hören Sie nur zu.
  Hören Sie die Geräusche und Klänge, die sich vor Ihren Ohren abspielen.
  Bleiben Sie frei von Bewertungen, indem Sie sich einfach für jedes Geräusch und jeden Lärm als ein Klangereignis interessieren.
  Die Dinge klingen sehr unterschiedlich. Nehmen Sie das einfach wahr, aber tun Sie nichts damit. Falls Sie an einem sehr stillen Ort sitzen, hören Sie vielleicht auch ganz leise Ihre Atemzüge. Hören Sie Ihrem Atem einfach zu. Lassen Sie ihn sein, wie er ist. Wenn Sie tief durchatmen möchten, tun Sie das. Hauptsache, Sie bleiben beim Hören. Einfach sitzen und hören.

STEHEN
Stellen Sie sich mit geschlossenen Augen in einen geschützten Raum. Hören Sie.
  Tun Sie nichts sonst, außer stehend zu hören. Hören Sie anders als im Sitzen? Wenn ja, was macht den Unterschied aus? Öffnen Sie nach einer Weile die Augen. Wie hören Sie jetzt mit geöffneten Augen?

VORWÄRTS GEHEN
Stellen Sie sich mit geschlossenen Augen in einen geschützten Raum. Hören Sie.

Tun Sie sonst nichts. Bleiben Sie beim Hören. Nach einer Weile bewegen Sie sich ganz langsam und sehr vorsichtig mit geschlossenen Augen *vorwärts* durch den Raum. Ein paar Schritte. Hören Sie. Bleiben Sie stehen und hören Sie weiter. Wenn es Ihnen reicht, öffnen Sie die Augen. Stehen Sie dort, wo Sie es vermutet haben? Bleiben Sie noch im Hören. Wie verändert sich das Hören bei geöffneten Augen?

RÜCKWÄRTS GEHEN
Stellen Sie sich mit geschlossenen Augen in einen geschützten Raum. Hören Sie.
    Tun Sie sonst nichts. Bleiben Sie beim Hören. Nach einer Weile bewegen Sie sich extrem langsam und vorsichtig mit geschlossenen Augen *rückwärts* durch den Raum. Hören Sie!
    Wie finden Sie Ihren Weg? Bleiben Sie stehen und hören Sie weiter. Wie fühlen Sie sich jetzt?
    Gehen Sie noch einmal los, rückwärts mit geschlossenen Augen hörend.
    Wie ist es jetzt? Wenn Sie stehenbleiben, verweilen Sie noch einen Moment im Hören. Öffnen Sie die Augen und hören Sie.
    Wie sieht die Welt jetzt aus? Und wer sind Sie?

STIMME
Setzen Sie sich bequem hin, am besten auf einen Stuhl, und stellen Sie die Füße auf den Boden. Schließen Sie die Augen. Konzentrieren Sie sich nun nur auf das, was Sie hören. Nach einiger Zeit nehmen Sie Ihren Atem wahr. Nur beobachten, nichts machen. Und hören.
    Hören und atmen.
    Dann versuchen Sie, Kontakt zu Ihrer Stimme aufzunehmen.
    Haben Sie ein Gefühl, wo sich Ihre Stimme gerade befindet? Spüren Sie dorthin und atmen und hören Sie. Bleiben Sie dabei. Hören. Atmen. Stimme.
    Nichts machen. Nur in Kontakt sein. Beenden Sie die Übung und öffnen Sie die Augen. An was denken Sie gerade? Was haben Sie im Kontakt mit der Stimme gefühlt?

Wiederholen Sie den Ablauf noch einmal. Wenn Sie dieses Mal Ihre Stimme spüren, lassen Sie den ersten Ton aus ihr entweichen, der Ihnen aus dem Mund kommt. Hören Sie. Und wiederholen Sie den Klang. Bleiben Sie beim Hören und beginnen Sie, weitere Töne und Geräusche von sich zu geben. Ohne Anstrengung. Erforschen Sie die Stimme, folgen Sie ihr. Lassen Sie sich Zeit. Improvisieren Sie. Wenn es genug ist, hören Sie im Dunkeln nach. Öffnen Sie die Augen und schauen Sie sich um.

SUMMEN
Gehen Sie ins Hören. Nehmen Sie Atem und Stimme wahr. Beginnen Sie dann irgendeinen Ton zu summen. Wiederholen Sie diesen Ton und dann improvisieren Sie summend, indem Sie die Töne immer länger aushalten. Einatmen und Summen, Einatmen und Summen.

TÖNEN
Der gleiche Ablauf wie immer. Doch dieses Mal öffnen Sie Ihren Mund und singen einen langen Ton. Probieren Sie verschiedene Vokale (A, E, I, O, U). Einatmen und Ton, Einatmen und Ton. Ohne Anstrengung, ganz spielerisch. Hören Sie auf die Klänge im Raum. Improvisieren Sie.

REDEN
Falls Sie eine Rede halten müssen, machen Sie eine Audioaufnahme davon.
    Gehen Sie anschließend wie bekannt ins Hören und hören Sie sich die Aufnahme mit geschlossenen Augen an. Was fühlen Sie? Was fällt Ihnen auf?
    Wiederholen Sie den Vorgang nach ein paar Tagen.

NAMEN
Gehen Sie ins Hören und sprechen Sie anstrengungslos Ihren Vornamen aus. Achten Sie auf den Klang Ihrer Stimme im Raum. Wiederholen Sie Ihren Vornamen, bis Ihnen der Klang gefällt. Sprechen Sie dann auch Ihren Nachnamen aus. Dann Vor- und Nachnamen

hintereinander. Hören Sie Ihren Namen im Raum. Hören Sie Ihre Stimme, die diesen Namen ausspricht. Was fühlen Sie?

STRESS
Wenn Sie im Stress sind, egal ob zu Hause oder an einem anderen Ort, achten Sie während einer simplen Handlung auf den dadurch entstehenden Klang.
    Schritte. Tür öffnen. Wasserhahn. Papierrascheln. Getränkeverpackungen öffnen. Gläser. Stifte. Tastaturen.

DEN KÖRPER BESINGEN
Legen oder setzen Sie sich bequem hin und schließen Sie die Augen.
    Lenken Sie die Aufmerksamkeit auf Ihre Füße und finden Sie einen Ton mit der Stimme, den Sie zu Ihren Füßen »schicken«. Denken Sie nicht darüber nach, tun Sie es einfach. Ein Brummen, Summen, was auch immer. Gehen Sie dann mit Ihrer Aufmerksamkeit langsam nach oben durch Ihren Körper und besingen, besummen oder bebrummen Sie alle Teile Ihres Körpers, die Ihnen in den Sinn kommen. Organe, Knochen, Blutgefäße …, bis Sie mit Ihrer Aufmerksamkeit und Stimme »ganz oben« im Kopf angekommen sind. Gehen Sie mit einem Ton über den Kopf hinaus und kehren Sie dann zu Ihren Füßen zurück. Reisen Sie spielerisch und anstrengungslos durch den Körper. Zum Abschluss bleiben Sie noch einen Moment in Ruhe liegen oder sitzen.

IMPROVISATION
Stellen Sie sich in einen geschlossenen Raum, in dem Sie mindestens zehn Minuten ungestört sein können. Hören Sie mit geöffneten Augen auf das, was ist. Tun Sie nichts. Warten Sie auf einen körperlichen oder stimmlichen Impuls. Was auch immer es ist, nutzen Sie den Freiraum dieser zehn Minuten und improvisieren Sie. Begrüßen Sie das Unbekannte. Kommt nichts, tun Sie nichts.

JAZZ
Nehmen Sie bequem Platz, schließen Sie die Augen und hören

Sie sich über Kopfhörer die gesamte Aufnahme des Stücks »OM« des John Coltrane Quartetts an. Halten Sie die knapp 29 Minuten durch. Bleiben Sie einfach ohne Bewertung dabei und hören Sie.

ORTE
Wenn Sie ein Haus, einen Raum, eine Institution betreten, erinnern Sie sich an das Hören. Achten Sie auf die Akustik, den Nachhall, Ihre Schritte. Hören Sie auf alle dort auftretenden Geräusche. Was hören Sie? Sind Sie gerne an diesem Ort?
  Wie fühlen Sie sich? Was für einen körperlichen Impuls haben Sie?

QIGONG
Führen Sie die folgende Qigong-Übung zunächst mit offenen, dann mit geschlossenen Augen aus.

Das bewegte Stehen
Diese Übung sollten Sie am besten draußen oder bei geöffnetem Fenster durchführen. Stehen Sie im schulterbreiten Qigong-Stand. Die Knie sind leicht gebeugt und locker. Sie spüren, wie aus Ihren Füßen Wurzeln in die Erde wachsen.
  Die Knie sind angewinkelt, das Becken in einer mittigen Position. Sie spüren den goldenen Faden, der Sie aus dem höchsten Punkt des Kopfes heraus etwas nach oben zieht. Das Kinn geht leicht zur Brust. Die Arme hängen seitlich, sie bewegen sich automatisch mit. Sie beginnen einzuatmen. Sie steigen nach oben, die Schultern sind entspannt und werden nicht nach oben gezogen, sondern die Schulterblätter bewegen sich etwas aufeinander zu in Richtung der Wirbelsäule. Rollen Sie mit den Füßen auf die Fußvorderseite (Ballen), der Fuß bleibt aber auf dem Boden. Warten Sie auf den Impuls, ausatmen zu müssen, dann sinken Sie wieder in die gebeugten Knie, das Gewicht verlagert sich auf die Fersen. Sie sind entspannt und die Schultern sind wieder etwas nach vorne unten gerutscht. Sie warten auf den Impuls, einatmen zu müssen, und beginnen die Übung von vorn. Wiederholen Sie die Übung 76-mal. Dann schöpfen Sie frische (Qi-)Energie vor dem Unterbauch (Dantien),

legen die Hände einige Zeit auf diese Stelle und spüren der Wärme nach. Mit einem Schritt bewusst aus der Übung treten.

(Diese Übung stammt aus dem Buch »(M)eine kreative Kurzzeittherapie« von Katrin Thomas, ibidem Verlag, 2020.)

Über den Autor

JENS THOMAS
Geboren 1970 in Braunschweig, lebt in Berlin.
Singer-Songwriter, Jazzpianist, Improvisationskünstler.
Jazz-Klavierstudium Musikhochschule Hamburg (Diplom), internationale Konzerttätigkeit (u. a. für das Goethe-Institut), zahlreiche CD-Veröffentlichungen (ACT, Roof Music) und Auszeichnungen (u. a. European Jazz Contest Belgium, SWR-Jazzpreis, Internationaler Jazzpreis Nürnberg, Kunstförderpreis Niedersachsen).

2003–2015 Theaterproduktionen mit dem Regisseur Luk Perceval. Seit 2013 zahlreiche Auftritte auf deutschsprachigen Theaterbühnen mit dem Schauspieler Matthias Brandt und mittlerweile sechs gemeinsam kreierten Wort-Musik-Collagen (u. a. »Psycho«, »Krankenakte Robert Schumann«, »Die Bergwerke zu Falun«). Neben Bühnen-, Dokumentarfilm- und Hörspielmusiken Komposition der Filmmusik zum ARD-Tatort »Ich hab im Traum geweinet« 2020 und Veröffentlichung des Soloalbums »Jens Thomas« mit eigenen Songs. 2023 erscheint das neue Album »Neil Young Collage« beim Label o-tone music.

1999–2004 Lehraufträge an den Musikhochschulen Berlin und Hannover sowie an der Kunsthochschule Kassel. Seminare und Einzelsitzungen im Bereich Stimmtraining/Kreative Beratung von 2008 bis 2019 im Rahmen der »Musikalischen Apotheke«.

Für das Institut für soziale Interaktion (ISI) in Hamburg Entwicklung des Seminars »Klangkunstdrama«. 2010–2012 Stimmcoach beim Ev. Zentrum für Predigtkultur, Wittenberg. Gasttrainer für Stimme und Präsenz in verschiedenen Unternehmen im Auftrag der Denkwerkstatt für Manager, Mannheim von 2015 bis 2019.

Kontakt zum Autor:
www.jensthomas.com
jensthomas@jensthomas.com